AF212150

clave

Borja Vilaseca (Barcelona, 1981) trabaja como escritor, divulgador, conferenciante, profesor, emprendedor social, empresario, inversor y creador de proyectos pedagógicos orientados a promover un cambio de paradigma en la sociedad. Su propósito de vida es posibilitar que el mayor número de seres humanos despierte y viva conscientemente. Por eso, ante todo, se considera un activista educativo y un agitador de consciencias.

Es el fundador de Utópika Labs, un *conscious venture builder* desde el que está creando y financiando proyectos pedagógicos orientados a transformar la mentalidad de la sociedad. Entre éstos destaca Kuestiona, una comunidad de autoconocimiento para buscadores e inconformistas que impulsa programas presenciales y online para que las personas se conviertan en el cambio que este mundo tanto necesita. También La Akademia, un movimiento ciudadano que promueve de forma gratuita educación emocional y emprendedora para jóvenes de entre dieciocho y veintitrés años y que está presente en más de cincuenta ciudades de ocho países. Y Terra, una escuela consciente de uno a dieciocho años, donde se promueve una metodología muy innovadora que permite que los niños y las niñas crezcan de forma orgánica, desarrollándose en todas las áreas y dimensiones de su vida. Es uno de los referentes de habla hispana en el ámbito del autoconocimiento, el desarrollo espiritual y la reinvención profesional. Cuenta con más de tres millones de seguidores en todas sus redes sociales. Es uno de los mayores expertos en Eneagrama del mundo: desde 2006 ha impartido más de trescientos cursos presenciales y online para más de setenta y cinco mil personas en diferentes países. En paralelo, está introduciendo el Eneagrama en el mundo del cine, colaborando como asesor creativo y desarrollador de personajes para directores, guionistas y actores.

Como escritor ha publicado diez libros: *Encantado de conocerme*, *El Principito se pone la corbata*, *El sinsentido común*, *Qué harías si no tuvieras miedo*, *Las casualidades no existen*, *Tú eres lo único que falta en tu vida*, *Ama tu soledad*, *Ser feliz es fácil*, *El prozac de Séneca* y *Ni felices ni para siempre*, estos dos últimos por medio de su pseudónimo, Clay Newman. Su obra literaria ha sido traducida y publicada en 23 países y ha vendido más de quinientos mil libros.

Más información en:

< borjavilaseca.com >   < kuestiona.com >
< utopikalabs.com >   < laakademia.org >
< fundacionutopika.org >   < terraec.es >

BORJA VILASECA

Ser feliz es fácil

El método más simple
para disfrutar de la vida

DEBOLS!LLO

Papel certificado por el Forest Stewardship Council®

Primera edición en Debolsillo: febrero de 2026

© 2025, Borja Vilaseca
© 2025, 2026, Penguin Random House Grupo Editorial, S. A. U.,
Travessera de Gràcia, 47-49. 08021 Barcelona
Diseño de la cubierta: Penguin Random House Grupo Editorial

Penguin Random House Grupo Editorial apoya la protección de la propiedad intelectual. La propiedad
intelectual estimula la creatividad, defiende la diversidad en el ámbito de las ideas y el conocimiento,
promueve la libre expresión y favorece una cultura viva. Gracias por comprar una edición autorizada de
este libro y por respetar las leyes de propiedad intelectual al no reproducir ni distribuir ninguna parte
de esta obra por ningún medio sin permiso. Al hacerlo está respaldando a los autores y permitiendo que
PRHGE continúe publicando libros para todos los lectores. Ninguna parte de este libro puede ser utilizada
o reproducida con el propósito de entrenar tecnologías o sistemas de inteligencia artificial. PRHGE se reserva
expresamente la reproducción, la extracción y el uso de esta obra y de cualquiera de sus elementos para fines
de minería de textos y datos y el uso a medios de lectura mecánica u otros medios que resulten adecuados
(art. 67.3 del Real Decreto Ley 24/2021). Diríjase a CEDRO (Centro Español de Derechos Reprográficos,
http://www.cedro.org) si necesita reproducir algún fragmento de esta obra.
En caso de necesidad, contacte con: seguridadproductos@penguinrandomhouse.com

Printed in Spain – Impreso en España

ISBN: 978-84-663-9015-6
Depósito legal: B-21.533-2025

Compuesto en Llibresimes, S.L.
Impreso en Black Print CPI Ibérica
Sant Andreu de la Barca (Barcelona)

P 3 9 0 1 5 6

Índice

PRIMERA PARTE

DEJA DE HACERTE INFELIZ

SEGUNDA PARTE

EL AMOR SANA

TERCERA PARTE

CONFÍA EN LA VIDA

A mi madre, Carmina. Por mostrarme

el camino hacia la verdadera felicidad

Ser feliz es mucho más fácil de lo que crees. Lo difícil es ponerlo en práctica. Esencialmente porque la felicidad es tu verdadera naturaleza. Piénsalo bien. No tienes que hacer nada para ver. Cuando quitas las obstrucciones de los ojos, lo que te queda es la vista. Del mismo modo, no tienes que hacer nada para ser feliz. Cuando quitas las obstrucciones de la mente, lo que te queda es la felicidad. Ahora mismo —aquí y ahora— ya eres feliz. El problema es que vives de tal modo que te causas desdicha a ti mismo, obstruyendo tu mente con todo tipo de deseos, apegos, expectativas, limitaciones y perturbaciones. Deja de hacerte infeliz y la felicidad brotará desde dentro de forma natural, sin esfuerzo.

ANTHONY DE MELLO

I

Este libro es una provocación

Se cuenta que el rey Salomón era conocido por ser un monarca sabio, ecuánime y compasivo. Un día decidió visitar la cárcel de su reino para conocer de primera mano las condiciones de vida de los presos que estaban encerrados ahí. Y nada más entrar en la oscura y húmeda mazmorra, los prisioneros se colocaron de pie —detrás de los barrotes de sus celdas—, observando al emperador con una mezcla de temor y curiosidad.

Salomón se detuvo delante del primer calabozo. Miró fijamente a los ojos del preso que había dentro y le preguntó: «¿Qué hiciste para que mis jueces decidieran meterte en la cárcel?». Y el hombre, con lágrimas en los ojos, le respondió: «Majestad, yo no hice nada malo. Fui acusado injustamente de robar, pero nunca he tocado lo que no es mío. Soy inocente. Por favor, sáqueme de aquí».

Seguidamente el monarca se dirigió a la siguiente celda. Y al hacer contacto visual con el recluso que estaba al otro lado de los barrotes, le preguntó: «¿Y a ti por qué te encerraron?». Y el recluso, con cierto malhumor, le contestó: «Yo tampoco he cometido ningún crimen. Los jueces se equivocaron conmigo. Me atribuyeron un asesinato que jamás cometí. Soy inocente. Por favor, libéreme de esta injusta condena».

TODOS INOCENTES

El monarca se paseó por la cárcel haciendo a los presos la misma pregunta. Y uno por uno todos los prisioneros proclamaron su inocencia, pidiendo al rey que los dejaran en libertad. Cansado de escuchar tantas justificaciones, excusas y mentiras, Salomón finalmente se detuvo delante del último calabozo. Y al ver al recluso que había dentro le increpó con un tono algo sarcástico: «Tú también eres inocente, ¿verdad?».

Sin embargo, para sorpresa e incredulidad del emperador, el prisionero le confesó con total sinceridad: «No, reconozco que yo sí merezco estar encerrado aquí dentro. Movido por la ignorancia, la ambición y la codicia cometí errores graves de los que me arrepiento. Confieso que algunas de mis acciones tuvieron consecuencias perjudiciales para otras personas. Y los remordimientos me acechan todas las noches. En esta cárcel estoy aprendiendo a perdonarme a mí mismo».

El rey Salomón se quedó en silencio por un momento, reflexionando sobre lo que acababa de escuchar. Estaba realmente impresionado con el testimonio de aquel hombre. Y seguidamente llamó a sus guardas. «Liberad de inmediato a este peligroso criminal», les ordenó muy seriamente. Y señalando al resto de presos añadió: «Corremos el riesgo de que corrompa a todos estos pobres inocentes».[1]

1. Ya has hecho lo más difícil

Te felicito de corazón. Que hayas decidido leer un libro para aprender a ser feliz dice mucho acerca de ti. Para empezar, demuestra que eres una persona honesta. De alguna manera estás reconociendo implícitamente que sufres más de lo que te gustaría. Y que sientes un genuino anhelo de sentirte en paz contigo y con el mundo. Bienvenido al club. También pone de manifiesto que eres humilde, dispuesto a cuestionar creencias arraigadas que pueden estar limitando tu manera de entenderte a ti mismo, así como tu relación con los demás. A su vez, indica un cierto grado de valentía, pues intuyes que a medida que avances en la lectura vas a emprender nuevos aprendizajes sobre el arte de vivir tu propia vida. Y eso sabes que, inevitablemente, va a confrontarte con uno de los mayores temores del ser humano: el miedo al cambio.

Pero hay más. Tiene un mérito especial que te hayas motivado a leer un libro como éste en estos momentos de la historia. Como consecuencia del malestar endémico que está experimentando la civilización occidental, la industria de la autoayuda está creciendo de forma exponencial. Y con ella, también sus detractores. Y no es para menos. Cada año se publican miles de libros con recetas superficiales y estandarizadas que prometen la conquista de la «felicidad». De ahí que esta palabra esté tan prostituida como demonizada. De hecho, formas parte de una sociedad tan enferma y neurótica que afirmar que «ser feliz es fácil» es una provocación en toda regla.

Pues bien, tengo que confesarte algo: éste es —efectivamente— otro libro de autoayuda. Está escrito con la intención de ayudarte a que te ayudes a ti mismo para que experimentes lo que es la verdadera felicidad. Voy a compartir contigo lo que me hubiera encantado que alguien me hubiera explicado cuando tenía 19 años. Es decir, cuando inicié —movido por una saturación de sufrimiento— mi propio viaje de autoconocimiento. Y para ello, voy a revelarte el método más simple que he descubierto para disfrutar plenamente de la vida.

¿Se puede estar siempre feliz?

La diferencia con otros ensayos similares es que, en vez de darte una receta, voy a mostrarte los ingredientes necesarios para que crees la tuya propia. Si sigues leyendo hasta el final, verificarás que este libro es en sí mismo una metodología orientada a que sepas cómo transformar tu mentalidad. Más que nada porque es la que determina tu realidad.

Muchas personas me han preguntado: «Y tú, ¿eres feliz todo el tiempo?». Y evidentemente mi respuesta es «no». Tampoco lo busco. Dado que soy un ser humano ordinario, suelo estar atrapado en mi mente y poseído por el pensamiento. De ahí que en ocasiones me perturbe a mí mismo, llegando incluso a sentir emociones muy dolorosas. El quid de la cuestión es que al ser consciente de mis patrones psíquicos cada vez soy menos esclavo de ellos. Y como consecuencia, independientemente de cómo sean mis circunstancias externas mi experiencia de vida es cada vez más satisfactoria.

Y entonces «¿por qué afirmas que ser feliz es fácil?», suelen preguntarme a continuación. Y mi contestación es siempre la misma: «Porque lo es». ¿Cómo no iba a serlo si es nuestra verdadera naturaleza? Lo *difícil* es conectar con la fuente de dicha que reside en nuestro interior. Al no haber recibido educación corporal, mental ni espiritual —tanto en casa como en la escuela—, nos cuesta salir de la mente, cultivar la atención plena y vivir el momento presente. A mí el primero. Sin embargo, como comprobarás a lo largo de este ensayo, es algo que tan solo requiere de una pizca de compresión y una dosis de disciplina. Especialmente al principio. De hecho, con el tiempo y la práctica, la actitud que te permite saborear de más momentos de felicidad se convierte en un hábito.

ESTAR EN PAZ CON EL HECHO DE NO ESTARLO

El problema de filosofar acerca de la felicidad es que la sociedad te ha vendido una idea distorsionada de lo que significa ser feliz. Ésta es la razón por la que cada vez que lees o escuchas esta palabra visualizas una foto de tu vida en la que todo te va siempre de maravilla y en la que tú te sientes de forma increíble en todo momento. Paradójicamente, concebir la felicidad de ese modo tan idealizado e infantil provoca que a menudo te sientas frustrado y amargado. Y no solo eso. Decepcionado por no alcanzar nunca ese estado, puede que incluso hayas llegado a pensar que «la felicidad no existe».

Mi intención al escribir este libro es compartir contigo de la forma más sencilla posible el trabajo corporal, mental y espiritual que has de llevar a cabo diariamente para vivir cada vez más instantes de conexión con tu verdadera esencia. Y poder así sentir una «paz subyacente», una especie de sonrisa interior que te permita sentirte en paz incluso cuando no lo estás, recibiendo con complicidad todo aquello que te va trayendo la vida. Y esto pasa por que aprendas a sostener, gestionar y regular tus emociones —sin importar cuán dolorosas sean—, minimizando al máximo tu sufrimiento.

Si sigues leyendo hasta el final también descubrirás cómo el desarrollo consciente del amor, la compasión y el perdón te vuelven cada vez más imperturbable. Especialmente a la hora de lidiar con personas egocéntricas, descentradas y conflictivas. A su vez, vamos a explorar juntos cómo potenciar la aceptación, la ecuanimidad y la resiliencia, de manera que sepas relativizar las cosas que te ocurren, aprovechando todo lo que te sucede para aprender y crecer como ser humano. El objetivo último es que te liberes de una vez por todas de la lacra del victimismo, convirtiendo la adversidad en el motor de tu sanación y evolución personales. En este sentido, te aseguro que ya has hecho lo más difícil: reconocer que necesitas un cambio. Si no, sería imposible que estuvieras leyendo un ensayo como éste.

He decidido ser feliz

porque es bueno para la salud.

VOLTAIRE

2. ¿Harto de estar harto?

Desde el día de tu nacimiento has sido víctima de una cons-piración orquestada inconscientemente por los adultos que te han precedido, quienes se aprovecharon de tu inocencia para inculcarte —sin tu consentimiento— una determinada manera de entender la vida. Los padres en casa. Los profe-sores en la escuela. Los jefes en el trabajo. Los políticos en la sociedad. Los periodistas en los medios de comunica-ción. Los lobbies y las oligarquías desde la sombra...

En ningún momento de tu proceso educativo se te ha te-nido en cuenta a ti. Nadie ha reparado en lo que tú necesitas para ser feliz. Por el contrario, te han llenado la cabeza con creencias de segunda mano acerca de cómo debes pensar para actuar de forma «normal». No fuiste educado, sino más bien condicionado, que no es lo mismo. Ésta es la razón por la que seguramente has venido viviendo de fuera a dentro, si-guiendo convenciones sociales prefabricadas que en su día te desconectaron de tu singularidad y que hoy te dificultan ser fiel a ti mismo.

Al sucumbir a la poderosa propaganda que promueve el sistema, es muy probable que hayas pasado buena parte de tu vida adulta sobreviviendo de forma disfuncional, con el piloto automático puesto. Es decir, dormido y anestesiado, yendo de un lado para el otro como un pollo sin cabeza, buscando fuera de ti algo o alguien que llene tu vacío... Pero no te fustigues. Nos ha pasado a todos. ¿Cómo ibas a vivir de otro modo si el sistema educativo industrial se encargó de castrar tu libertad de pensamiento y de mutilar tu criterio propio?

UNA COLLEJA EXISTENCIAL

Este libro tiene una intención muy clara: removerte, provocarte e inspirarte. Metafóricamente está concebido como una «colleja existencial». Ojalá su lectura te zarandee lo suficiente como para deshacer los cimientos psicológicos sobre los que construiste tu mentalidad actual. Del mismo modo que no has elegido tu idioma ni tu acento, tampoco has escogido tu forma de pensar. Es algo que se transmite mecánicamente de generación en generación. De ahí que tus creencias no sean realmente tuyas, sino de la sociedad. Y dado que están llenas de ignorancia e inconsciencia, a menos que las cuestiones seguirás saboteando tu felicidad.

Este ensayo te va a tocar especialmente si todavía sigues anclado en el victimismo, creyendo que la culpa de todos tus males la tienen los demás. Si sigues resentido por conflictos que has tenido con otras personas. Si sigues pensando que serás feliz cuando consigas aquello que te falta. Si sigues esperando que cambien tus circunstancias para sentirte bien contigo mismo. Si sigues creyendo que la vida ha sido injusta contigo por las dificultades y las pérdidas que has tenido que afrontar. Si sigues triste y enfadado por acontecimientos traumáticos que te sucedieron en el pasado. Si sigues sintiendo miedo y preocupación por eventos amenazadores que puedan sucederte en el futuro.

También va a serte especialmente útil si sigues malviviendo en un estado de impotencia, amargura y frustración por no conseguir lo que deseas. Si sigues tapando tu malestar y tu dolor con todo tipo de parches y adicciones. Si sigues experimentando estrés y ansiedad, siendo incapaz de vivir el momento presente. Si sigues sin saber cómo aprovechar las oportunidades de aprendizaje que se esconden detrás de tus problemas existenciales. Si sigues juzgando a la gente que te rodea, perturbándote a ti mismo al interactuar con personas descentradas. Si sigues peleado con la vida, sin saber exactamente para qué estás aquí. Y en definitiva este libro puede ser un punto de inflexión en tu andadura existencial si sientes que has llegado a una saturación de sufrimiento, estando verdaderamente harto de estar harto.

Prefiero molestar con la verdad
que complacer con adulaciones.

SÉNECA

3. Estás a un clic de cambiar tu vida

Soy muy consciente de los tomates que me van a caer por el controvertido título que le he puesto a este libro. Dado que la felicidad es una cuestión subjetiva —difícil de demostrar científicamente—, no tengo dudas de que me van a tachar de «vendehúmos» y al libro de «pseudociencia». Eso sí, también sé que estas críticas van a proceder de personas que no se tomarán la molestia de leer este ensayo y sacarán conclusiones precipitadas basadas en prejuicios no cuestionados.

Sin embargo, todo lo que voy a explicarte lo he verificado

empíricamente a través de mis vivencias personales. A su vez, he comprobado que todos los adultos genuinamente felices que he conocido comparten la mentalidad que expongo en este ensayo. Curiosamente, ellos también padecieron una profunda crisis existencial que los llevó a transformar radicalmente su manera de entender la vida. Irónicamente, el sufrimiento sigue siendo el gran maestro de aquellos que han aprendido a ser verdaderamente felices...

Si bien considero que no hay mejor aval académico que el sentido común, llevo más de un año buscando estudios científicos[2] que corroboren la tesis que planteo en este libro. Afortunadamente, a la ciencia cada vez le interesa más descubrir cuáles son los factores y las prácticas que contribuyen significativamente a promover el bienestar físico, mental y espiritual de los seres humanos. Y, como comprobarás a lo largo de las páginas que siguen, la mayoría son relativamente fáciles de implementar.

NO TE CREAS NADA

Aun así, es crucial que leas este ensayo con una mentalidad crítica y escéptica. Dicho de otra manera: no te creas nada.

Ni una sola palabra. Por el contrario, verifícalo todo a través de tu propia experiencia. Y esto pasa por que ejercites el contenido de este libro, comprobando por ti mismo hasta qué punto es verdad lo que expongo. La diferencia entre un erudito y un sabio es que el primero acumula conocimiento, mientras que el segundo lo pone en práctica.

De hecho, te animo a que programes una nota de aviso en tu móvil para dentro de un año con el título: «Ser feliz es fácil». Y comprométete desde hoy mismo a priorizar tu paz interior por delante de cualquier otro objetivo externo. Simplemente ponle intención y desapégate del resultado. Si lo haces, dentro de 365 días —cuando salte dicha notificación— comprobarás que tu manera de relacionarte contigo, con los demás, con el sistema y con la vida habrá evolucionado para mejor.

¿Sabes por qué lo sé? Porque eso es precisamente lo que hice hace un año, coincidiendo con un momento adverso y doloroso: la separación de mi mujer, con la que llevaba cerca de 19 años de relación de pareja. He escrito este libro en uno de los años más oscuros de mi vida. Y la verdad es que me funcionó. Al fin y al cabo, donde pones tu atención estás llevando tu energía. Y eso provoca que se amplifique e intensifique aquello en lo que te enfocas. Así de simple. La forma en la que piensas determina cómo percibes la realidad, moldeando subjetivamente la manera en la que experimentas el mundo. Y, por ende, también incide en tu estado de ánimo. El fruto de dicho trabajo interior ha sido la redacción de este ensayo.

Domestica tu atención

Sé honesto contigo mismo: ¿dónde estás poniendo actualmente tu atención en tu día a día? ¿En lo que tienes o en lo que te falta? ¿En lo que funciona o en lo que falla? ¿En lo que depende de ti o en lo que escapa a tu control? Este libro está concebido como un manual de entrenamiento para que tu pensamiento se centre en valorar lo que tienes, en apreciar lo que funciona y en tratar de cambiar aquello que depende de ti. Esencialmente porque actuando de este modo aprendes a practicar el agradecimiento, a llenarte de energía positiva y a empoderarte como ser humano.

Si sueles quejarte por lo que te falta y protestar por lo que falla, tiendes a ver solamente los aspectos negativos de aquello que te rodea. Y como consecuencia te sientes malhumorado, desmotivado, deprimido y desempoderado. Además, al tratar de cambiar una y otra vez aquello que escapa a tu control, también estás limitando tu capacidad de ver soluciones y encontrar oportunidades, obstruyendo tu eficiencia y bienestar. De ahí que para ser feliz sea fundamental que aprendas a entrenar tu mente y te comprometas con domesticar tu atención.

En este sentido, que sepas que todos los cambios que voy a proponerte —todos sin excepción— dependen enteramente de ti. Eso sí, ya te avanzo que al final del ensayo le daremos una vuelta de tuerca a esta afirmación... De momento no hace falta que cambies de pareja, de amigos, de trabajo o de ciudad. Al menos no a corto plazo. La única transformación que sí necesitas realizar es la que tiene que ver con tu actitud. Si lees el libro adecuadamente te aseguro que al terminarlo tu mentalidad será otra. Estate muy atento porque es muy probable que mientras leas algo te haga clic. Y no me refiero metafóricamente. Vas a escuchar este sonido dentro de tu cabeza de forma literal.

*Concededme la serenidad para aceptar las cosas
que no puedo cambiar, el valor para cambiar las que sí puedo
y la sabiduría para reconocer la diferencia.*

REINHOLD NIEBUHR

4. La promesa que le hice a mi madre

Resulta paradójico, pero mi camino hacia la verdadera felicidad ha estado marcado por el dolor y el sufrimiento. En
este libro quiero compartir contigo la experiencia vital que
más me ha marcado... Lo recuerdo como si fuera ayer. Co-
rría el mes de enero del año 2000. Tenía 18 años y estaba
sentado en la última fila de mi clase en la universidad. Aquella mañana me sentía especialmente aburrido. Como de
costumbre, no me interesaba para nada lo que el profesor
estaba explicando. Y supongo que inspirado por los típicos
propósitos de año nuevo, hice una lista de mis principales vicios y adicciones. Me salieron cuatro: morderme las
uñas, fumar marihuana, consumir azúcar refinado y juzgar
a los demás...

Ya entonces el juicio era uno de los principales rasgos de
mi personalidad. Y así ha sido desde que tengo uso de razón. Forma parte del esqueleto psicológico con el que nací.[3]
Eso sí, seguramente fue magnificado por el ambiente tan
tenso, tóxico y disfuncional que experimenté en el seno de
mi familia cuando todavía era un niño inocente e indefenso.
Personalmente odiaba con todo mi corazón a mi madre por

la forma tan déspota y agresiva con la que me trató durante mi infancia. Y por la manera en la que lo seguía haciendo en mi adolescencia. Como consecuencia de sus propios traumas no resueltos, padecía de varios trastornos de la personalidad. Y su salud mental estaba muy deteriorada. Pagaba su malestar conmigo por medio de constantes broncas e insultos. Y a menudo utilizaba el chantaje emocional, culpándome de su infelicidad...

Su violencia psicológica terminó haciendo mella en mí, convirtiéndome en un joven egocéntrico, prepotente, rígido, iracundo y exigente. De hecho, un nubarrón de odio y negatividad se instaló en mi mente, empañando mi visión de la realidad. Estaba profundamente enfadado con la vida. Y me generaba mucho rechazo la gente, especialmente los adultos de mi entorno social. Me parecían todos unos hipócritas que se refugiaban en una existencia superficial y consumista con la que tapar sus miserias y ocultar su mediocridad.

Enfadado con la vida

Desde una perspectiva emocional tuve una juventud complicada. Era un chaval melancólico, asocial y malhumorado.

Y me pasaba el día juzgando al resto de mis semejantes. Irónicamente, no soportaba sentirme juzgado por otros. Era tan susceptible que cualquier atisbo de crítica provocaba que enseguida me encendiera. No había nada peor en el mundo que sentirme imperfecto. Me llevaba a reaccionar con furia, salpicando a quienes estaban a mi alrededor. Fue entonces cuando me aislé de todos y de todo, adoptando una actitud victimista frente a la vida y sumiéndome en un estado depresivo en el que estuve instalado unos cuantos años.

Para expresar mi enojo hacia la humanidad, a los 19 años colgué un póster en la pared de mi cuarto en el que aparecía el rostro gigante de Friedrich Nietzsche en blanco y negro junto a la frase: «Tu prójimo siempre será una mosca venenosa». Y como si de una profecía autocumplida se tratara, meses más tarde atraje a mi vida una serie de desgracias en serie. Una enfermedad vírica me mantuvo más de un mes postrado en la cama. Me dejó la novia de la que estaba locamente enamorado. Un conductor me atropelló al saltarse un semáforo en rojo. Estuve envuelto en dos accidentes de coche casi mortales. E incluso un grupo de *skin heads* me pegó una paliza, desfigurándome la cara...

A finales de ese mismo año toqué fondo. Vivir dejó de tener sentido para mí. La ansiedad, la angustia y la rabia que sentía en el plexo solar se volvieron insoportables. E inspirado por el legado de otros filósofos existencialistas, pensé seriamente en suicidarme. Pero no lo hice. No fui capaz. Tampoco fui al psicólogo ni me mediqué. Mi orgullo me impedía pedir ayuda a los adultos que me rodeaban... Curiosamente, en el momento más oscuro de mi existencia se encendió una tímida lucecita dentro de mí. De pronto intuí que la vida tenía que ser otra cosa. Tuve la certeza de que se me estaba escapando algo. Decidí emprender una búsqueda para encontrar respuestas al por qué y el para qué de mi sufrimiento. Fue entonces cuando empecé a leer y a escribir acerca de lo que me estaba ocurriendo por dentro. Y la literatura me salvó literalmente la vida.

RECICLADOR DE BASURA PROFESIONAL

Como seguramente te ha ocurrido a ti, la interacción con otros seres humanos me ha reportado numerosas decepciones a lo largo de mi andadura existencial. *Me* han mentido. *Me* han engañado. *Me* han criticado. *Me* han insultado. *Me* han marginado. *Me* han culpado. *Me* han traicionado. *Me* han vilipendiado. *Me* han estafado. *Me* han manipulado. *Me* han pegado.

Me han juzgado. *Me* han humillado. *Me* han extorsionado. *Me* han difamado. *Me* han robado. *Me* han demonizado... Y en muchas ocasiones se han aprovechado de mi ingenuidad y buena fe. Ahora bien, de todos los infortunios que he podido padecer ninguno me ha dejado una huella tan dolorosa como los maltratos psicológicos que recibí por parte de mi madre durante mi infancia.

Tanto es así, que aprender a aceptarla y amarla ha sido lo más difícil —y lo más importante— que he conseguido hasta ahora. A raíz de un despertar espiritual que tuve, con 25 años comencé mi proceso de sanación psicológica. La comprehensión de que el *yo* es una ilusión provocó que le quitara el pronombre «me» a las historias que solía protagonizar mi diálogo interno, la mayoría de las cuales me perpetuaban en el papel de víctima. Y eso mismo empecé a extrapolar al resto de situaciones adversas que se cruzaban por mi camino. Así fue como entendí que las cosas no me pasaban a mí, sino que ocurrían para mí.

Desde entonces me he convertido en un experto en reciclaje emocional. He descubierto que tengo un talento innato para aprovechar y sacarle algún beneficio a todas las pérdidas, desgracias y calamidades que atraigo a mi vida. No importa cuán grave o doloroso sea lo que suceda. Una vez he transitado el duelo correspondiente, empleo dichos acontecimientos traumáticos como lo que verdaderamente son: abono para crecer y evolucionar. Mi secreto reside en que procuro no engañarme demasiado a mí mismo. Ni tampoco quedarme anclado en el victimismo.

Por el contrario, enseguida me cuestiono y me confronto. De este modo descubro qué sombras egoicas siguen ocultas en mí para haber sido correspondiente con semejantes experiencias vitales. Y lo cierto es que tarde o temprano dicho proceso de autoindagación provoca que algo me haga clic, trascendiendo alguna creencia limitante y despidiéndome de algún bloqueo reprimido. Ésta es la razón por la que cada año que pasa mi mochila emocional pesa menos. Y por la que cada vez me siento más en paz conmigo mismo, con los demás y con la vida.

No soy ningún santo

Evidentemente no soy ningún santo. Confieso que tengo una sombra prominente y alargada. También he cometido mis propios errores. Algunos muy graves. He sido fuente de perturbación para otras personas. Y qué difícil me ha sido en muchas ocasiones perdonarme a mí mismo. En algunos momentos el nivel de automachaque y flagelación personal por poco acaba con mi salud mental. Perdonarse a uno mismo es un arte que requiere de mucha fortaleza y sabiduría. Consiste en ganarle la batalla al ego, ese torturador profesional que se dedica a envenenar nuestro corazón con culpa, odio, rencor e insatisfacción.

Te cuento todo esto porque quiero que sepas que he escrito este libro como un ejercicio de «psicomagia».[4] Nuevamente, estoy empleando la escritura como parte de mi terapia existencial. En este caso, para sanar definitivamente el vínculo con mi madre. Y de paso cumplir con la promesa que le hice justo antes de morir. Falleció a finales de 2021 —a los 71 años—, como consecuencia de un enfisema pulmonar que padecía desde hacía más de una década. Murió en casa, rodeada de sus seres queridos. Lo hizo llena de amor. No le tenía miedo a la muerte. Llevaba años preparándose para irse. Y se fue por la puerta grande.

Durante sus últimos días tuve la oportunidad de despedirme mientras estaba lúcida y consciente. Nos abrazamos mucho. Nos pedimos perdón el uno al otro. Lloramos y reímos juntos. Nos dijimos lo mucho que nos queríamos. Filosofamos acerca del sentido de la muerte y sobre si hay consciencia una vez nos morimos. E incluso quedamos en el modo en el que vendría a *visitarme* desde el más allá. Me prometió que —en caso de ser posible— un día se posaría en mi brazo en forma de mariposa monarca...

MORIR EN PAZ

Mi madre fue mi gran maestra espiritual. Es decir, la persona cuya presencia y comportamiento han provocado que más me haya perturbado a mí mismo. Mi tormentosa relación con ella fue el motivo por el que llegué a una saturación de sufrimiento, iniciando mi búsqueda con 19 años. Y por ello siempre le estaré agradecido. De hecho, a raíz de su enfermedad ella misma tuvo que lidiar con enormes vicisitudes, las cuales la llevaron a empezar su viaje de autoconocimiento, el cual culminó con su propio despertar de consciencia. Ésta es la principal razón por la supo aceptar su destino con estoicismo y morir en paz.

Dos días antes de fallecer mi madre apenas podía respirar. Existía el riesgo de que pudiera morir asfixiada. Y un médico paliativo vino a casa para suministrarle un fármaco que le indujo un estado de sueño profundo, del cual ya no despertaría. A lo largo de las 48 horas siguientes nos fuimos turnando para que siempre hubiera alguien a su lado. En cualquier momento podía exhalar su último aliento.

Cuando llegó mi turno habían transcurrido unas once horas desde que mi madre había comenzado su tránsito hacia el más allá. Estaba tumbada sobre su cama boca arriba. Llevaba puesta una mascarilla de oxígeno para respirar mejor. Me senté junto a ella, la cogí de la mano y me quedé mirándola en silencio. No se movía. Apenas se escuchaba un imperceptible hilillo de respiración. Y aproximadamente 45 minutos más tarde empezó a convulsionar. Su cuerpo entero comenzó a agitarse y a temblar con virulencia. Y su cuello se alargó y levantó en dirección al techo. De pronto sus ojos se abrieron: estaban en blanco. La piel se me puso de gallina. «Ha llegado su hora», pensé para mis adentros con una mezcla de pánico y tristeza.

Las últimas palabras de mi madre

Para mi sorpresa mi madre salió finalmente del trance, abrió los ojos y me miró con la mirada perdida. Y con un tono de voz afónico y moribundo me dijo a través de la mascarilla: «Compasión, chato» —así es como me llamaba—. «Prométeme que tendrás compasión». Atónito, no entendí muy bien a cuento de qué me decía eso. Y me limité a responderle: «Claro, mamá, te lo prometo, pero ¿por qué lo dices?». Seguidamente mi madre tragó algo de saliva y con un gran esfuerzo me contestó: «Porque sigues en guerra con el mundo y juzgando a la sociedad... Por favor, chato, prométeme que tendrás compasión... ¡Compasión, chato! ¡Prométemelo!».

Acto seguido cerró los ojos y esta vez sí que no volvió a abrirlos nunca más. Al día siguiente falleció. Ésas fueron las últimas palabras que mi madre (me) dijo en vida. Reconozco que al principio no les di mucha importancia. Sin embargo, con el paso de los meses empezaron a retumbar como tambores en mi fuero interno de forma completamente ensordecedora. «Compasión. Compasión. Compasión...».

El día antes del primer aniversario de su muerte, tuve un encontronazo con una persona cercana, a la que juzgué con severidad. Cegado por la ira, conecté otra vez con mis demonios internos... Y nuevamente la voz de mi madre volvió a irrumpir con fuerza en mi diálogo interno. Fue la gota que colmó el vaso. Al día siguiente me tatué la palabra «compasión» en mi muñeca derecha, de manera que pudiera leerla fácilmente durante el resto de mi existencia. Y fue entonces cuando me comprometí conmigo mismo —y con ella— a cultivar la compasión y practicar el amor. Ésa fue la semilla desde la que ha terminado floreciendo este libro.

Por qué es un libro aspiracional

Con el paso de los años he ido venciendo y superando todos los vicios y adicciones que escribí aquel día en la universidad a excepción de uno. Tengo que confesar que sigo juzgando a la gente. En ocasiones, el ego vuelve a secuestrar mi atención, creando relatos imaginarios en mi mente acerca de cómo deberían de comportarse las personas con las que interactúo, en vez de simplemente aceptarlas tal y como son. Eso sí, ahora sé que es un síntoma que pone de manifiesto que me he vuelto a desconectar de mi verdadera esencia.

Sé que corro el riesgo de que me taches de «hierbas». Pero he verificado empíricamente que —en lo más profundo de mí— soy puro amor. El quid de la cuestión es que en mi día a día no suelo vivir desde ese estado de presencia, conexión y consciencia. De ahí que la empatía, la amabilidad, la compasión, la paciencia y la asertividad sean cualidades aspiracionales: aspiro a manifestarlas cada vez más, especialmente en mi interacción con los demás. De hecho, es la primera vez en mi vida que —en gran parte— escribo un ensayo para aprender sobre lo que comparto en vez de compartir sobre lo que he aprendido. Es mi manera de honrar la promesa que le hice a mi madre.

Estés donde estés, mamá, este libro es para ti. Hoy puedo afirmar con el corazón en la mano que me siento orgulloso de ser tu hijo. Eras una mujer alegre, aventurera y solidaria. No conozco a muchas abuelas que hayan viajado con ONG's a países tan lejanos. O que hayan dedicado su tiempo libre a acompañar a enfermos terminales. Eras una mujer curiosa, sensible e inteligente. Contigo las conversaciones eran muy profundas. También eras empática y generosa. Fuiste una suegra cojonuda y una abuela maravillosa. Tuviste una relación preciosa con tus nietos, quedándote con ellos no únicamente cuándo tú querías, sino cuando nosotros te necesitábamos.

No podía ser de otra manera

He reflexionado mucho sobre tus últimas palabras, mamá. Menudo regalazo de despedida que me hiciste. Realmente diste en el clavo. A veces tengo la sensación de que, de alguna manera, también querías que sintiera compasión por ti. Y eso he hecho. Entiendo tu dolor y lamento profundamente que tuvieras que sufrir lo que sufriste. Pero ahora sé que no podía ser de otra manera. Me ha llevado muchos años de introspección y sanación comprehender que es imposible que las cosas hubieran sido diferentes a cómo se produjeron.

Más allá de la moral egoica dominante —que todo lo juzga, rechaza y distorsiona—, los acontecimientos que han formado parte de mi destino han sido neutros, perfectos y necesarios para mi evolución. Al menos en mi caso, sé que fui correspondiente con ellos para iniciar mi viaje hacia el verdadero amor y la auténtica felicidad.

Con estas líneas solo quiero recordarte que te quiero y que te echo de menos. La verdad es que desde que te fuiste te siento más cerca y presente que nunca. He descubierto una nueva forma de relacionarme contigo. Ahora mismo no puedo dejar de llorar. Pero no te preocupes: son lágrimas mitad de tristeza porque te fuiste y mitad de alegría porque pudimos reconciliarnos en vida. Descansa en paz, mamá. Tu recuerdo va a vivir en mi corazón el resto de mis días. Y este libro es mi homenaje póstumo para ti.

El lodo es el abono necesario
para que florezca la flor de loto.

5. Sé tú el amor que falta en el mundo

Antes de seguir la lectura de este libro quiero proponerte un juego. Te aviso que te va a remover y confrontar. Pero si te atreves a llevarlo a cabo verificarás que es profundamente terapéutico. Piensa en una persona a la que sigas culpando de tu sufrimiento y a la que todavía le guardes rencor. Alguien a quien vincules con algún acontecimiento traumático y doloroso de tu vida que consideras que no debería haber(te) sucedido. Visualiza su rostro y estate atento al tipo de emociones que afloran dentro de ti. Siéntelas. Recréate un momento en ellas. Es importante que registres mentalmente lo que estás sintiendo, pues a lo largo de las páginas que siguen te volveré a preguntar acerca de ello.

Seguramente ahora mismo creas que es imperdonable lo que esta persona te hizo. Y que de ninguna manera puedes llegar a estar en paz con lo que ocurrió. Pues bien. En caso de que ése sea tu pensamiento déjame decirte que te equivocas. Te lo digo por experiencia personal. El verdadero amor es capaz de amarlo y trascenderlo todo. Absolutamente todo. Incluso las cosas más horribles y abominables que se te vengan a la cabeza. Si sigues leyendo hasta el final te explicaré cómo.

Igual al leer esto te has puesto a la defensiva. No es para menos. Formas parte de una sociedad mentalmente enferma. El ego nos tiene a todos hipnotizados. De ahí que el narcisismo sea la patología de nuestro tiempo. El exceso de egocentrismo y de victimismo es la razón por la que la compasión, el perdón y la amabilidad brillan por su ausencia. Y el motivo por el que —en general— te supone un enorme esfuerzo cultivar estas cualidades.

Convertir el amor en un hábito

Del mismo modo que los nutricionistas recomiendan comer fruta y verdura para gozar de una óptima salud física, los místicos invitan a practicar la aceptación y el amor para gozar de una óptima salud mental. Sin embargo, la prescripción de un médico no basta por sí sola para curar al paciente. La verdadera curación viene como resultado de ponerla en práctica. A aprender a amar se aprende amando. No hay otra fórmula. Has de convertir el amor en un hábito. Y entrenarlo cada día.

El primer paso es el más difícil. Consiste en reconocer que no sabes cómo hacerlo. ¿Cómo podrías si tú mismo no has sido amado? ¿Cuántos seres humanos amorosos conoces? Lo que abunda por doquier son personas traumatizadas que quieren ser queridas, pero que no saben amar. Interactuar con alguien genuinamente amoroso es como encontrar una aguja en un pajar. De hecho, es mucho más fácil esto último.

Tal vez en ocasiones te sorprendas quejándote del estado en el que se encuentra la sociedad actual. Y es probable que a veces pienses que alguien debería hacer algo. Sin embargo, rara vez concluyes que tú podrías ser ese alguien.[5] En el fondo este libro es un manual de activismo educativo, cuya finalidad es inspirarte a que seas el amor que falta en el mundo. La paradoja es que cuando aprendes a amar —estando en paz con quien consideras que otrora te hizo daño—, te das cuenta de que el principal beneficiado eres tú. Resistirte a cultivar la compasión y el perdón es tirar piedras sobre tu tejado. Lo único que necesitas para aprender a amar es *querer aprender a amar*. Piénsalo bien: ¿qué otra cosa más importante puede haber en la vida?

> *Sin amor la sociedad no puede funcionar con cordura*
> *y la humanidad se atacará y destruirá a sí misma.*
>
> ERICH FROMM

PRIMERA PARTE

DEJA DE HACERTE INFELIZ

II

Anatomía de la infelicidad

Había una vez una mujer de 40 años que se sentía profundamente desdichada. La gente la sacaba de quicio. La realidad la molestaba. Vivía en un constante estado de perturbación. Y se sentía completamente miserable. Cansada de tanto sufrir, acabó acudiendo a una anciana y sabia terapeuta. Y durante prácticamente una hora la mujer le estuvo compartiendo todas aquellas cosas que le causaban algún tipo de malestar e insatisfacción. Y con un cierto tono de desesperación, finalmente le preguntó: «¿Qué me recomiendas para dejar de sufrir?».

La anciana terapeuta la miró con compasión y le respondió: «Tu caso me recuerda al de un hombre que sentía un dolor muy agudo cada vez que tocaba alguna parte de su cuerpo con su dedo índice. Tocara donde se tocara, le dolía muchísimo. Muy preocupado con su situación fue a ver a un médico, quien tras examinarlo detenidamente descubrió que el problema no estaba en el punto que tocaba, sino en su dedo. Estaba fisurado. Así, la solución consistió en dejar de tocarse con el dedo herido para permitir que se curara».

La mujer miró a la sabia terapeuta y le preguntó, un poco confundida: «¿Y qué tiene que ver eso conmigo?». A lo que la anciana le respondió: «Ahora mismo tu mente es como el dedo herido. No son las conductas de las personas las que te sacan de quicio, sino los juicios que emites acerca de ellas. Y tampoco son las situaciones que pasan las que te causan dolor, sino tu forma tan negativa de mirarlas e interpretarlas. Mi recomendación es muy simple: deja de dañarte a ti misma para permitir que tu mente se cure. El secreto para ser feliz es dejar de hacerte infeliz».[6]

6. La felicidad no es lo que crees

Difteria. Tétanos. Sarampión. Rubeola. Varicela... Los seres humanos hemos erradicado muchísimas enfermedades de la faz de la tierra. Sin embargo, a pesar de los increíbles avances médicos y tecnológicos hay una que todavía se nos resiste. Y que se está propagando como la pólvora. Se trata de la «enfermedad mental», la cual afecta el pensamiento, el comportamiento y el estado de ánimo de cada vez más personas. Y es muy fácil de reconocer, pues su principal síntoma es la «infelicidad». Es decir, una sensación de malestar y desasosiego interior que te impide disfrutar del momento presente.

Actualmente, se estima que el 30 por ciento de los adultos en España padecen de estrés o ansiedad crónicos, lo que a menudo causa bajas laborales temporales o indefinidas.[7] En paralelo, el 20 por ciento ha sido diagnosticado con algún trastorno mental,[8] el cual les dificulta llevar una vida emocionalmente funcional. Y el 7 por ciento sufre de depresión, perdiendo la motivación para querer seguir viviendo.[9] Es decir, que según los datos oficiales más de la mitad de la población española reconoce estar atrapada —de alguna manera u otra— en la telaraña del sufrimiento.

Lo mismo sucede en el resto de países occidentales, donde dos de cada diez personas consumen ansiolíticos o antidepresivos a diario.[10] Por otro lado, cada año se cometen unos 800.000 suicidios en todo el mundo, lo que pone de manifiesto la decadencia de nuestra civilización, así como el gigantesco vacío existencial que asola a nuestra especie.[11] Irónicamente, el nivel de autoengaño e hipocresía de nuestra sociedad ha llegado hasta tal punto que según varias encuestas[12] más del 80 por ciento de los españoles declara abiertamente ser feliz, puntuando de media su felicidad en más de un 7,5 sobre 10. Estos datos solamente corroboran dos cosas: que socialmente está mal visto ser infeliz y que en general la gente no es sincera sobre su bienestar.

Un problema semántico

No sé cuál es tu experiencia de vida hasta ahora, pero seguramente tú también hayas sentido —en más ocasiones de las que te gustaría reconocer— que no es nada fácil ser feliz. Curiosamente, una de las principales causas de tu infelicidad reside en algo tan absurdo como la semántica. Es decir, en el significado erróneo que le has venido dando a la palabra «felicidad», sin duda alguna una de las más corrompidas del vocabulario. Tanto es así, que lo más probable es que aún la ubiques en el lugar equivocado: fuera de ti mismo.

Y no es para menos. El sistema en el que vives te ha inculcado la idea de que la felicidad es un objetivo, una meta, una aspiración... Prueba de ello es que el diccionario de la Real Academia Española (RAE) define la felicidad como «el estado del ánimo que se complace en la posesión de un bien». Esta definición asume que eres un ser vacío e incompleto, por lo que para ser feliz debes lograr, adquirir o conseguir algo que todavía no tienes.

Esta concepción distorsionada de la felicidad —tan arraigada en la cultura occidental— es lo que te ha llevado a buscarla inconscientemente en personas, situaciones y cosas externas. Y a conformarte con sucedáneos como el placer, la diversión o la euforia, los cuales te aportan una gratificación tan efímera como superficial. Esto es precisamente lo que promueve el «hedonismo»: una filosofía de vida que proclama la búsqueda de placer como el fin supremo de tu existencia.

El lado oscuro del hedonismo

El hedonismo parece atractivo desde fuera, pero tiene un lado oscuro. Dado que nada de lo que obtienes y consumes puede llenar tu agujero interior, con el tiempo te vuelves adicto a cualquier cosa, sustancia o persona que te evada temporalmente de tu malestar interno. Y cada vez necesitas de una dosis mayor para seguir parcheando tu dolor. Ésta es la razón por la que las personas hedonistas siempre quieren más, lo que inevitablemente las lleva a caer en las garras de la gula, la codicia y la opulencia. Y al quererlo todo ya también terminan siendo presas de aburrimiento, la impaciencia y la frustración.

Paradójicamente, la creencia de que serás feliz cuando satisfagas alguno de tus deseos te convierte en alguien cada vez más desdichado. Esencialmente porque muchos de ellos jamás se hacen realidad. A su vez, te lleva al convencimiento de que ahora mismo —aquí y ahora— te falta algo para gozar del bienestar que tanto anhelas. Y peor aún: dado que piensas erróneamente que ese «algo» es totalmente ajeno a ti, también te lleva a creer que estás vacío por dentro y que es imposible que seas feliz por ti mismo.

Sin embargo, nada ni nadie pueden hacerte feliz. Más que nada porque la verdadera felicidad procede de dentro. Basta con mirar la etimología de las palabras para entenderlo. Sin ir más lejos, «bienestar» significa «estar bien con uno mismo». Así de simple. Por su parte, «felicidad» procede del latín *«felicitas»*, que quiere decir «estado interno de satisfacción plena», el cual es independiente de cómo sean tus circunstancias externas. No se encuentra en el *tener*, sino que es uno de los atributos esenciales de tu *ser*. Más que un objetivo, la felicidad es el resultado de armonizar tu cuerpo, tu mente, tu espíritu y tu sistema nervioso.

Todas las personas tienen lo necesario para ser felices,
pero muy pocas saben ser felices con lo que tienen.

GERARDO SCHMEDLING

7. La biología de la negatividad

Una de las grandes tragedias de tu condición humana es que a tu biología no le importa tu felicidad, tan solo tu supervivencia. Esto se debe a tu «cerebro reptiliano», tu parte más primaria y animal. Su función principal es la de estar siempre alerta para mantenerte vivo, detectando y respondiendo rápidamente a cualquier amenaza. Así es como te proteges de posibles peligros.

Imagina que estás caminando por un bosque y de pronto ves una sombra que parece una serpiente. Antes de que puedas pensar racionalmente, tu cuerpo ya ha reaccionado. De forma automática sientes un chute de adrenalina, provocando que los latidos de tu corazón se aceleren y tus músculos se tensen. Apenas ha transcurrido un segundo y —sin que hayas escogido nada al respecto— instintivamente te ha cambiado el estado de ánimo, entrando en modo lucha o huida.[13]

Esta respuesta inconsciente es el resultado de millones de años de evolución. Y está diseñada para asegurar que reacciones velozmente ante amenazas inmediatas, sin perder tiempo en deliberaciones conscientes. Lo irónico de este ejemplo es que al final resulta que no es una serpiente, sino una liana colgando de un árbol. Sin embargo, el susto no te lo quita nadie, así como el correspondiente efecto bioquímico que dicha reacción ha generado en tu organismo en forma de estrés y ansiedad.[14]

Sesgo de negatividad

A pesar de que hoy en día tu supervivencia física raramente está en peligro, tu cerebro reptiliano sigue operando como si siguieras viviendo en una jungla llena de depredadores. La consecuencia directa de esta trampa biológica es que tiendes a enfocarte más en lo negativo que en lo positivo, un fenómeno psicológico conocido como «sesgo de negatividad».[15] Ésta es la razón por la que sueles darle un valor y una importancia excesivas a cualquier estímulo externo que percibas como perjudicial o adverso. Tu parte animal lo sigue interpretando como una potencial amenaza para tu supervivencia.

Tu tendencia a centrarte de forma desproporcionada en lo negativo es algo que está escrito en tus genes. Es el cableado interno con el que estás configurado de serie. Y ha sido un factor determinante para la perpetuación de la especie humana. Recuerda que hubo un tiempo en el que tus antepasados vivían en un territorio hostil. En ese contexto, la habilidad de percibir rápidamente un peligro inmediato —como un cocodrilo acechando desde la orilla de un río— era crucial para sobrevivir.[16]

Así fue como la pronta detección de este tipo de amenazas empezó a activar mecánicamente la respuesta de huida o lucha, permitiéndoles reaccionar a tiempo para salvar sus vidas. Por el contrario, si hubieran puesto más atención en lo positivo —como en lo bonitas que eran las hojas de los árboles o en lo agradable que era bañarse en el río—, sus posibilidades de supervivencia se habrían reducido drásticamente. Inmersos en su disfrute personal, el cocodrilo se los habría comido con mucha más facilidad.

BOICOT A TU FELICIDAD

Esta sensibilidad hacia lo negativo está tan arraigada en tu cerebro reptiliano que hoy en día te quita muchísimo más de lo que te da. Está inconscientemente boicoteando tu felicidad. Te lleva a prestar más atención a los problemas que a las oportunidades, así como a recordar más las críticas que los elogios. Ya puedes tener cien comentarios positivos en tus redes sociales, que bastará una sola opinión negativa para que toda tu atención vaya directamente a ella. También hace que te centres más en tus defectos y errores que en tus cualidades y aciertos, mermando tu autoestima. En vez de valorar lo bien que te queda el peinado, el sesgo de negatividad te lleva a fijarte en el diminuto grano que te ha salido en la barbilla. Y así con cualquier otra cosa que te ocurra en la vida.

Este enfoque constante en lo negativo te adentra en un círculo vicioso que inevitablemente te lleva a la ansiedad, la insatisfacción y la amargura. Conscientes de esta inclinación humana, los medios de comunicación masivos tienden a enfatizar las noticias negativas y sensacionalistas, pues saben que atraerán más tu atención que las positivas y constructivas. Esta perversión sociocultural refuerza aún más la percepción distorsionada de que el mundo es un lugar peligroso y amenazante, condenándote a malvivir en un estado perpetuo de preocupación y estrés.

Reconocer este patrón biológico ancestral es el primer paso para contrarrestar su influencia y poder trascenderlo. Es una cuestión de redirigir tu atención, enfocándote más en lo positivo. Esto no quiere decir que ignores los problemas o las dificultades, sino que aprendas a equilibrar tu percepción de la realidad para no dejarte dominar por la negatividad. Piensa un momento en todo aquello que ahora mismo sí funciona en tu vida. Y convierte esta mirada más positiva en un hábito diario. Tu bienestar emocional te lo agradecerá.

La mayoría de las personas
son tan felices como deciden serlo.

ABRAHAM LINCOLN

8. El síndrome de Hollywood

De todos los animales que habitan el planeta Tierra, los seres humanos somos los más infelices con diferencia. De hecho, el sufrimiento parece ser un fenómeno psicológico exclusivo de nuestra especie. ¿Conoces a algún elefante que vaya a terapia, a algún cocodrilo que consuma antidepresivos o a algún delfín que cometa suicidio? Si bien todos ellos pueden experimentar miedo, tristeza o ira en respuesta a amenazas o pérdidas inmediatas en su entorno, la forma de vivir estas emociones es muy diferente a como las sueles vivir tú.

Evidentemente, una cebra siente estrés y ansiedad cuando es perseguida por un león. Sin embargo, cuando su depredador desaparece vuelve rápidamente a su estado natural de calma. Básicamente porque vive en el momento presente. No se preocupa por lo que pueda suceder en el futuro. Ni tampoco se lamenta por lo que ocurrió en el pasado. Sus emociones suelen ser de muy corta duración. Y se producen como reacción a estímulos directos. Ésta es la razón por la que es mucho más feliz que tú.[17]

Tu infelicidad se debe a la complejidad de tu mente. Y también a la asombrosa capacidad que tienes de ser consciente de ti mismo. Imagina por un momento que te encuentras en medio de una llanura, buscando alimento por una zona donde sabes que de vez en cuando aparecen leones. ¿Cómo crees que te sentirías? A diferencia de la cebra, te sería muy difícil no pensar acerca de la posibilidad de ser devorado. Movido por este tipo de pensamientos te sería prácticamente imposible disfrutar del aquí y ahora. Y, por tanto, de ser feliz.

Protagonista de la película de tu vida

Lo que te hace único con respecto al resto de animales es que tienes la capacidad de pensar de forma abstracta y simbólica.[18] De ahí que seas extremadamente creativo. Y que cuentes con una mente tremendamente poderosa. Irónicamente, te estás destruyendo a ti mismo por no saber emplear este poder para tu propio bien. A esto se refiere «el síndrome de Hollywood»,[19] según el cual eres el productor, guionista, director, protagonista y el resto del reparto de la película que constantemente te estás montando en tu cabeza. Y es que gran parte de tu sufrimiento no proviene de tus circunstancias, sino de las historias que te cuentas a ti mismo sobre lo que acontece.

¿En qué momento del día no estás pensando? Tu mente se ha convertido en una fábrica compulsiva de pensamientos. Todo el rato te estás explicando historias acerca de lo que está ocurriendo. Y por más reales que te parezcan todas ellas son ficticias e ilusorias. Son películas mentales creadas por tu imaginación. Sin embargo, cada vez que te crees alguno de tus pensamientos, automáticamente los conviertes en tu realidad. En última instancia, tu experiencia emocional no tiene tanto que ver con qué te pasa, sino con la interpretación subjetiva y distorsionada que hace tu mente acerca de lo que te pasa.

No estás en la ducha mientras te estás duchando. No te lavas los dientes mientras te los estás lavando. No te vistes mientras te estás vistiendo. No estás conduciendo mientras conduces... Raramente estás presente donde estás. Lo habitual es que estés en otra parte —muy lejos de ti, muy lejos de aquí—, en un lugar imaginario creado por tu mente. El

problema es que, de tanto pensar, tu atención y tu consciencia están permanentemente secuestradas por tus pensamientos. Vives atrapado en ensoñaciones mentales disociadas de la realidad, creyéndote ciegamente las historias
que van circulando por tu cabeza. Y lo más grave de todo
es que debido a tu estado ordinario de inconsciencia en general no te das cuenta de que no te estás dando cuenta. En
eso consiste precisamente estar dormido.

La identificación con la mente

El síndrome de Hollywood también pone de relieve una particularidad psicológica única de tu especie: la capacidad de
crear un autoconcepto de ti mismo. Es decir, una idea mental acerca de quién crees que eres: el «*ego*», que en latín
quiere decir «yo». Ésta es la razón por la que *tú* sueles ser el
protagonista indiscutible de todas las historias ficticias na-
rradas a través de *tus* pensamientos. No importa cual sea la
trama mental que *te* estés contando. Siempre gira alrededor
de *ti*, contándose desde *tu* punto de vista.

La incómoda verdad es que vives en un encarcelamiento psicológico. Al estar tan identificado con la mente, no

puedes dejar de pensar. Y la principal consecuencia de estar poseído por el pensamiento es que te crees que eres lo que piensas. De ahí que estés convencido de que tu identidad es este ego ilusorio construido a base de creencias y pensamientos. Pero, ¿dónde se encuentra este *yo*? ¿Eres capaz de señalarlo? Lo que has venido creyendo que es tu identidad, en realidad, es una ilusión cognitiva carente de sustancia. El ego no existe: es un subproducto de tu mente y de tu pensamiento abstracto y simbólico. Es otra más de tus historias.

Sea como fuere, el ego se ha convertido en un parásito psíquico que se ha adueñado de tu diálogo interno. Y dado que sigues buscando la felicidad fuera de ti y tu atención sigue influenciada por el sesgo de negatividad, la mayoría de tus películas mentales son de género dramático, violento o de terror. Despertar pasa por darte cuenta de que este tipo de historias pertenecen a otro género: el de la ciencia ficción. Son entelequias: irrealidades que parecen reales pero que no lo son. Aprender a observar y cuestionar tus pensamientos es el primer paso para desidentificarte de la mente y, por ende, del ego. Solo así puedes finalmente dejar de hacerte infeliz a ti mismo.

El signo más evidente de que estás dormido
es seguir creyendo que lo que piensas es real.

ECKHART TOLLE

9. Envenenados por el estrés

Cuanto más identificado estás con tu mente, con más frecuencia te crees y te enganchas a ciertos pensamientos. Y si bien todos ellos son ficticios terminan creando realidades, especialmente dentro de ti. Es lo que se conoce como «sugestión»: el efecto psicosomático que la mente produce sobre tu cuerpo. Y dado que sueles estar hipnotizado por el ego lo más probable es que el relato de tus historias mentales suela ser egocéntrico y negativo, generándote las emociones correspondientes.

El ciclo es muy simple: lo que piensas determina lo que sientes. Y lo que sientes influye en lo que piensas. Si por ejemplo te obsesionas con el pensamiento de que tu empresa va a despedirte, enseguida vas a sentir miedo y ansiedad. A su vez, este tipo de emociones provocan que no puedas dejar de pensar en que te van a echar del trabajo, entrando en una espiral de negatividad muy autodestructiva. Pero ahí no termina la cosa. Si este estado emocional se cronifica, con el paso del tiempo acabas somatizando dichos pensamientos y sentimientos. Y llega un día en que éstos se transforman en dolencias reales que aparecen en el plano físico, afectando directamente a tu salud.

Dicho de otra forma: por medio de la autosugestión tienes el poder de enfermar tu cuerpo. Y debido al momento histórico que te ha tocado vivir —cada vez más acelerado—, la manera más común en la que lo haces es envenenándote de estrés crónico. Se trata de un estado de tensión constante, de preocupación prolongado y de irritabilidad desmesurada por sentirte desbordado por tu ajetreado estilo de vida.

ALTERA LA BIOQUÍMICA DE TU CEREBRO

Llevar a los niños al cole. Los atascos de tráfico. La acumulación de correos electrónicos. Las responsabilidades familiares. Los mensajes de WhatsApp sin responder. Las obligaciones laborales. Los plazos que has de cumplir. Los compromisos sociales. Las facturas que has de pagar. Los imprevistos que van emergiendo. Los problemas y conflictos con otras personas. El ruido. La velocidad. Los cambios. La incertidumbre...

Para hacer frente a tu realidad, vas generando y acumulando estrés sin darte cuenta. Metafóricamente es como si cargaras sobre tus espaldas una mochila en la que a diario se meten unas cuantas piedras. Y cada nuevo día se añaden unas cuantas más... Inevitablemente, cuando el peso de la mochila se te hace insoportable entras en un estado de agotamiento físico y de colapso mental.

Si bien un punto de estrés es necesario para gozar de la motivación y la energía necesarias para operar de forma funcional, el estrés crónico se ha convertido en uno de los grandes aliados de la infelicidad humana. Como todo, el veneno está en la dosis. Está demostrado científicamente[20] que vivir estresado modifica la bioquímica de tu cerebro, alterando negativamente la producción, la liberación y el equilibrio de tus neurotransmisores. Estas sustancias químicas hacen de puente entre tu cerebro y tu sistema nervioso a través del torrente sanguíneo. Y en última instancia son las responsables de cómo te sientes y cómo respondes frente a tus circunstancias. De ahí la importancia de que operen en su justa medida.

Lamentablemente, el estrés crónico desregula y desestabiliza tu sistema nervioso. Por un lado bloquea e inhibe tu capacidad de descanso y relajación.[21] Y por el otro, refuerza y potencia tu predisposición a estar en modo lucha o huida, manteniéndote en un permanente estado de alerta.[22] Así, la acumulación de estrés te impide bioquímicamente sentirte feliz e interactuar con los demás y con tus circunstancias de forma inteligente y funcional.[23]

Vivir a la defensiva

Más concretamente, el estrés crónico eleva los niveles de noradrenalina de tu cuerpo, volviéndote mucho más susceptible y haciendo que vivas a la defensiva. A su vez, te lleva a reaccionar desproporcionadamente por sentirte amenazado o atacado. También hace que te frustres y te irrites con más facilidad, en ocasiones sin ningún motivo aparente. Y te impide relajarte, provocando que padezcas de insomnio por la noche y malhumor durante el día.[24]

En paralelo, el estrés crónico reduce la producción de serotonina, que es clave para la regulación de tu estado de ánimo, generando que seas más proclive a padecer ansiedad o depresión. Y hace exactamente lo mismo con la dopamina, afectando a tu motivación vital, limitando tu capacidad para sentir placer y haciendo que te sientas vacío.[25]

Eso sí, de todas las alteraciones que produce el estrés crónico sobre tu organismo, la más nociva tiene que ver con el aumento de los niveles de cortisol. Entre otros efectos, eleva tu presión arterial, sube tu frecuencia cardiaca y debilita tu sistema inmunológico, potenciando el riesgo de que sufras una úlcera, un ataque al corazón o un derrame cerebral, entre otras enfermedades cardiovasculares. Y te adentra en un círculo vicioso, pues el estrés y el cortisol se retroalimentan: cuanto más estresado estás, más cortisol se libera en tu sangre y más estrés te genera. Ésta es la razón por la que sueles relacionarte con lo que sucede de forma más instintiva, primaria y visceral, priorizando tu supervivencia en detrimento de tu felicidad.[26]

> *El estrés es la prisión de una mente atrapada*
> *en la ilusión del control.*
>
> ALAN WATTS

10. Escapistas profesionales

Haciendo un repaso de lo visto hasta ahora, podemos concluir que tu infelicidad tiene cinco causas principales. La primera consiste en buscar el bienestar fuera de ti. La segunda en poner tu atención en lo negativo. La tercera en creerte tus historias mentales. La cuarta en envenenarte con estrés crónico. Todo ello te condena a vivir tu día a día en modo supervivencia y a que estés excesivamente identificado con el ego, generándote todavía más perturbación por percibir la realidad desde una perspectiva tan limitada y egocéntrica.

La quinta causa de tu desdicha es una consecuencia de las cuatro anteriores. Tiene que ver con la forma tan equivocada con la que te relacionas con tu infelicidad. En vez de afrontarla de cara, ir a la raíz del problema y comprometerte con tu curación, lo más habitual es que mires para otro lado, conformándote con aliviar temporalmente los síntomas. Eso es lo que te propone diariamente el sistema en el que vives, el cual es en sí mismo un gran parche con el que tapar tu malestar.

Cabe señalar que infelicidad e inconsciencia van siempre de la mano. La una no puede existir sin la otra. Son las dos caras de una misma moneda. Cuanto más inconscientemente vives, más enajenado estás de ti y más ausente estás en tu propia vida. Y al no estar presente el sufrimiento comienza a hacer mella en ti. Es entonces cuando tu existencia empieza a girar en torno a la búsqueda constante de anestesia, evasión, narcotización y drogadicción. Todo con tal de no sentir el vacío y el dolor que anidan en tu corazón. Si bien huir de ti mismo jamás te va a llevar a ningún lugar saludable, se trata de una conducta disfuncional socialmente aceptada. Forma parte de la patología de la normalidad de tu tiempo. No se cuestiona porque prácticamente *todo el mundo* se ha vuelto un escapista profesional.

La adicción a la dopamina

Cuanto más infeliz te sientes, más adicto te vuelves a la dopamina. Tu cerebro libera esta sustancia química cada vez que consumes ciertas cosas, sustancias, experiencias o personas que te aportan una gratificación inmediata. Sin embargo, esta satisfacción efímera que sientes a corto plazo tiene consecuencias muy perjudiciales a medio y largo plazo para tu salud. Se trata de un alivio rápido y fácil que tapa por momentos tu desdicha interior. Y te adentra en un círculo vicioso y en una espiral de insatisfacción, pues cada vez necesitas de un *chute* mayor de todo aquello que, en realidad, jamás podrá proporcionarte el bienestar que tanto anhelas.

Así, tu infelicidad te lleva a alimentar tu cuerpo, tu mente y tu espíritu de forma insana y negligente. Y entre los *alimentos* nocivos más destacados se encuentran los siguientes: los antidepresivos y los ansiolíticos. La comida ultraprocesada y el azúcar refinado. Las bebidas gaseosas, el café, el alcohol, el tabaco y las drogas recreativas. Las notificaciones, los «me gusta» y los mensajes de las redes sociales a través del móvil. Las noticias sensacionalistas y negativas de los medios de comunicación masivos. Las tertulias políticas y los programas sobre famosos de la televisión. El chismorreo sobre vidas ajenas. La manifestación de odio online. Las maratones de series de Netflix y las partidas infinitas de videojuegos. El consumo de contenidos violentos. Las relaciones superficiales y tóxicas. Las compras compulsivas. La pornografía. El sexo compulsivo. Las apuestas y el *trading* desmedido. El ejercicio físico extremo y los deportes de alto riesgo. Trabajar a todas horas, así como dormir en exceso.

Cuanto mayor sea el *subidón* que te genere la dopamina en un momento dado, peor será el *bajón* que experimentes cuando el efecto de este neurotransmisor desaparezca de tu organismo. De tanto malestar que vas acumulando y tapando, llega un día en que no hay ningún placer suficientemente grande en este mundo para aplacar tu sensación de vacío. Por más que lo intentes, no puedes escapar eternamente de ti. Tarde o temprano vas a tener que rendirte cuentas a ti mismo. La cruda verdad es que cuanto más huyas de tu dolor, más doloroso será el encuentro contigo. Aprender a ser verdaderamente feliz pasa por abrazar tu infelicidad en vez de alejarte de ella.

Tratar de aliviar el dolor con placer
es como intentar apagar un incendio con gasolina.

CARL GUSTAV JUNG

III

El triunfo del victimismo

Un grupo de once supervivientes judíos se reencontraron 25 años después de haber sobrevivido al holocausto. Todos ellos estuvieron encerrados en el mismo campo de concentración nazi. Durante aquellos tres años de terrible cautiverio padecieron una serie de inclemencias infrahumanas, viendo morir a muchos de sus familiares y amigos. De forma milagrosa consiguieron sobrevivir a aquel infierno. Y por mucho tiempo se perdieron la pista los unos a los otros, retomando sus vidas como pudieron.

Durante aquel esperado reencuentro se pasaron toda la velada quejándose y compadeciéndose por las atrocidades que sufrieron. El ambiente general era bastante deprimente. En un momento dado decidieron hacer una breve ronda, de manera que cada uno pudiera explicar abiertamente qué tal les había ido la vida desde su liberación.

Uno de ellos explicó que albergaba tanto odio y rabia que se había vuelto un ermitaño asocial. Otro comentó que se levantaba cada día lleno de miedo y ansiedad, siendo incapaz de preservar un empleo estable. Otro confesó que se había vuelto alcohólico para tapar la angustia y la tristeza crónicas que sentía... El resto de supervivientes compartieron historias parecidas. Todas ellas trágicas y con un aparente final infeliz.

EL UNDÉCIMO SUPERVIVIENTE

Sin embargo, cuando le tocó el turno al último de los once supervivientes, la cosa cambió bastante. Su tono de voz no albergaba ni una pizca de pena ni de resentimiento. Por el contrario, desprendía una energía alegre y pacífica. Explicó que se había casado, tenía dos hijas y que estaba muy contento con su trabajo. De hecho, hablaba con ternura de su familia y con pasión de su profesión.

De pronto, uno de los asistentes le interrumpió, exclamando indignado: «¡¿Cómo puedes vivir tan tranquilo después de la injusticia que sufrimos?!». Y, seguidamente, otro le increpó con agresividad: «Me da la sensación de que hablas como si no te acordaras de lo que nos hicieron. ¡¿Es que acaso lo has olvidado?!». Estos dos comentarios fueron apoyados por el resto de miembros del grupo, quienes asintieron conjuntamente a modo de aprobación.

Tras una larga pausa, el superviviente al que habían arrinconado contestó con serenidad: «Queridos amigos, por supuesto que recuerdo los tres años que compartimos en aquel barracón. Y aunque ya han pasado 25 años desde que los once fuimos liberados, me acabo de dar cuenta de que soy el único de esta sala que es libre. Todos los demás seguís encerrados allí».[27]

11. Neuróticos anónimos

Popularmente se considera que alguien es «neurótico» cuando tiene muchas manías, fobias, obsesiones o «neuras». Se suele vincular con una personalidad histriónica o extravagante. De ahí que se vea la neurosis como una enfermedad mental, propia de un grupo reducido y marginado de personas profundamente trastornadas. Pero nada más lejos de la realidad. Está más a la orden del día de lo que imaginas... Una definición más acertada de «neurosis» podría ser «cualquier disfunción psicológica provocada por un exceso de identificación con la mente».

Por ejemplo, machacarte a ti mismo por errores cometidos en el pasado es un patrón neurótico muy habitual. Otro muy común es tomarte lo que pasa como algo personal y acabar haciéndolo todo sobre ti. Y también emparanoiarte por situaciones adversas que podrían ocurrirte en el futuro. De hecho, la rumiación es en sí misma neurótica. Se trata del acto de pensar de forma compulsiva, repetitiva y persistente acerca de ti mismo, de tus conflictos personales y de sus posibles causas y consecuencias sin avanzar hacia una solución práctica y efectiva. O dicho de otra manera: de tratar de resolver un problema creado por la mente desde la misma mente, quedándote atrapado en bucles de pensamiento que no te conducen a ninguna parte.

La gran mayoría de seres humanos manifestamos con frecuencia este tipo de rasgos neuróticos. Tú también. Otra cosa es que no seas consciente de ello. Irónicamente, puede que actúes como un «neurótico anónimo». Dado que la enajenación colectiva está tan normalizada, es muy probable que hayas ido achacando tu malestar y sufrimiento a factores externos. En función del grado de neurosis que padezcas, puede que incluso tampoco te hayas planteado que la causa de tus perturbaciones se encuentre en tu propia mente. De ahí que durante demasiado tiempo hayas continuado con tu vida sin buscar curación a tu disfunción psicológica, totalmente convencido de que no tenía nada que ver contigo.

La madre de todas las neurosis

Detrás de los problemas y conflictos que asolan a la humanidad se esconde la madre de todas las neurosis. Es una creencia falsa y limitante que compartimos todos los seres humanos. Y está tan arraigada en el inconsciente colectivo de la sociedad que pasa completamente desapercibida. A pesar de su invisibilidad, es la raíz desde la que hemos construido la cosmovisión y la civilización actuales. Es decir, la forma de pensar y la manera de vivir contemporáneas. Y pobre de ti que te atrevas a señalarla. O peor aún, a cuestionarla. Serás ridiculizado y te tacharán de loco. Más que nada porque desenmascara la farsa del ego, el falso concepto de identidad que has creado inconscientemente por estar excesivamente atrapado por los pensamientos.

Esta neurosis consiste en creer que eres «un *yo* separado de la realidad». De ahí que te veas a ti mismo como una entidad física y psicológica aislada de los demás y desconectada del mundo que te rodea. Cuando este autoconcepto imaginario de ser un *yo* se enraíza en tu mente, experimentas la «sensación de separatividad», la cual te genera una profunda angustia existencial. Hace que te sientas solo y desamparado ante un universo que percibes como ajeno, indiferente y hostil.

Dado que este *yo* es una construcción mental ilusoria carente de sustancia, a menudo te sientes vacío e incompleto. Ésta es la razón por la que sueles buscar satisfacción y realización en el mundo externo, lo que te lleva a apegarte a cosas y personas que crees que necesitas para ser feliz. También es la causa de que temas perder lo que tienes y desees siempre lo que te falta... ¿Cómo vas a poder llenar algo que no existe? Es imposible. De ahí que nunca nada sea suficiente para ti. Lo que sí consigue el ego es potenciar tu narcisismo, convirtiéndote en el centro de tu pequeño universo. También te ciega de orgullo y soberbia, haciéndote creer que eres el autor de tus logros y victorias. Y te hace sentir culpable cada vez que cosechas un fracaso o una derrota. Tu insatisfacción crónica es lo que mantiene a este parásito psíquico con vida.

El observador es lo observado

Creer que eres un *yo* separado fomenta una dualidad ficticia en tu percepción, dividiendo el mundo entre «tú» y «los otros». Por eso te comparas constantemente con los demás, autosugestionándote sentimientos de inferioridad o superioridad. También es la causa de que tengas permanentes conflictos de intereses con el resto de seres humanos, experimentando frustración, impotencia, resentimiento y amargura al no ver cumplidas tus expectativas. Y en definitiva la creencia de ser un *yo* disociado de la realidad te vuelve ignorante de tu verdadera identidad —que es *uno* con ella—, construyendo un personaje imaginario basado en roles sociales, éxitos profesionales y posesiones materiales con los que obtener validación externa.

Cuestionar esta creencia te revela un descubrimiento revolucionario: esta visión dual según la cual *tú* como «observador» estás aislado de la realidad —lo «observado»— es una distorsión cognitiva inventada por la mente, desarrollada por el intelecto y expresada a través del lenguaje. Cuando retiras el velo de ignorancia que ha estado condicionando esta percepción neurótica, te das cuenta de que no existe tal separación, verificando empíricamente que el observador es lo observado.

Del mismo modo en que la ola forma parte del océano, el ser que eres forma parte de la realidad. Más allá de las fragmentaciones superficiales, en el fondo eres uno con la existencia. En el momento en que esta comprensión germina en tu mente, la excesiva identificación con el ego va poco a poco desvaneciéndose. Y con ella van cayendo el odio, la culpa, el orgullo y el resto de emociones egoicas. Éstas solamente tienen cabida en tu vida cuando sigues perpetuando la creencia en este *yo* ilusorio por medio de tus historias mentales.

Que tus pensamientos no te confundan: la infelicidad siempre surge de un sentimiento de separatividad. El ego siente enfado, ansiedad y depresión porque está convencido de que está separado de todo. Detrás de todas estas emociones está agazapado el miedo a la vida. Por el contrario, el verdadero amor emana de una sensación de conexión y unidad. Es el único antídoto contra todas tus neurosis. Empezar a cultivarlo conscientemente pone de manifiesto que has despertado de la hipnosis de la separación. Te armoniza contigo mismo, con los demás y con la existencia.[28]

Tú y yo no somos más que uno;
no puedo herirte sin herirme a mí mismo.

RUMI

12. La mentalidad victimista

En algún momento de tu vida seguramente hayas sido víctima de alguna persona o situación que te haya causado algún tipo de daño o perjuicio, tanto físico como emocional. Un maltrato psicológico. Un abuso sexual. Una enfermedad crónica. Un accidente grave. Un robo económico. Un engaño sentimental. Un despido improcedente... La lista de circunstancias adversas que están fuera de tu control y que pueden haberte generado algún tipo de trauma es interminable.

En estos casos, es de gran ayuda sentir que otros reconocen y validan el dolor que has podido experimentar, contando con el apoyo terapéutico necesario para recuperarte como es debido. De este modo, con el tiempo —y fruto del trabajo interior— es posible superar y sanar cualquier contratiempo que te haya sucedido, trascendiendo así tu condición de víctima. Lograrlo implica una profunda transformación personal: te convierte en una versión evolucionada y mucho más madura de quien eras antes de vivenciar dicho acontecimiento traumático.

Sin embargo, son muy pocos los que consiguen completar este proceso. Muchos se quedan por el camino lamiéndose las heridas. Prueba de ello es que la humanidad sigue anclada en el victimismo. Se trata de un cáncer ideológico que afecta a la mentalidad de la gran mayoría de seres humanos.

Víctimas del victimismo

El victimismo ha triunfado en nuestra sociedad. Es la corriente filosófica hegemónica. Es decir, la que cuenta con más adeptos en la actualidad. Y está compuesto por nueve rasgos principales. El primero es el «infantilismo». A pesar de haber colonizado el mundo de los adultos, se trata de una postura muy pueril. Si tu actitud sigue secuestrada por el victimismo, tiendes a considerar que la vida es injusta, especialmente cuando no te concede lo que quieres. Y sueles atribuir tus fracasos a la mala suerte en lugar de a tus decisiones y errores. También te lleva a poner tu atención siempre en lo negativo, así como a adoptar una visión pesimista frente a la existencia.

La segunda característica del victimismo es la «impotencia». Ir de víctima te desempodera por completo. Te entierra en el lodazal de la apatía y la resignación, autoconvenciéndote de que la causa de tus problemas se encuentra en factores externos. A su vez, te hace creer que no hay nada que dependa de ti para cambiar o mejorar tu situación, entregando tu poder y tu responsabilidad a cualquiera que te venda una falsa sensación de seguridad y estabilidad. La mentalidad victimista te hace ver el esfuerzo como algo inútil y las dificultades como pruebas insuperables.

El tercer atributo es el «autoengaño». La única forma de preservar tu identidad de víctima inocente es engañándote, negando cualquier contribución que hayas podido tener en relación con tus propios problemas. El victimismo siempre va de la mano de la falta de introspección y autocrítica. Movido por el orgullo y la autocomplacencia evitas hacer algo muy doloroso para el ego: cuestionarte a ti mismo. De este modo ni reconoces ni aprendes de tus errores, quedándote estancado en una versión limitada de ti.

EL BUENO DE TU PELÍCULA

El cuarto rasgo es el «chantaje emocional». El victimismo te lleva a barrer para casa, distorsionando subjetivamente los acontecimientos que acontecen en tu vida de tal modo que te hagan quedar siempre como el bueno de tu película. Tu discurso egocéntrico tiene el objetivo de dar pena y lástima, quedando como un «pobrecito de mí». De hecho, empleas el drama para captar la atención de tus *espectadores*, buscando recibir simpatía, consuelo y apoyo.

La quinta característica es la «desvalorización». Lo que en realidad subyace detrás de la mentalidad victimista es una fragante falta de amor propio. De ahí que tu autoestima dependa de la aprobación y validación externa. En lo más profundo de ti sientes que no eres lo suficientemente bueno. Y que eres incapaz de conseguir lo que te propongas. Tienes tanto miedo al fracaso —y por ende a mostrar tu lado vulnerable— que niegas tus capacidades y evitas cultivar tus talentos, no vaya a ser que destaques sobre el resto y te pongas a prueba ante los demás.

El sexto atributo es la «queja». No cabe duda de que el victimismo aporta beneficios psicológicos a corto plazo. Te libera de tener que hacerte cargo de tu vida, así como de asumir las consecuencias de tus actos y decisiones. Sin embargo, a medio y largo plazo te conduce irremediablemente a la insatisfacción y la amargura. Y no hay mayor síntoma de infelicidad crónica que quejarte y protestar permanentemente por todo aquello con lo que no estás conforme. Es una manera muy disfuncional de desahogarte emocionalmente de todo el malestar que vienes acumulando.

El miedo al cambio

El séptimo rasgo del victimismo es la «retraumatización». Es decir, la adicción a hablar una y otra vez de eventos traumáticos que ocurrieron en tu pasado y de los cuales te sigues victimizando en el presente. Así es como justificas tus patrones de conducta neuróticos, achacando tus miserias actuales a hechos que sucedieron años atrás. De este modo te autoconvences de que siempre serás una víctima de lo que te pasó, siendo imposible sanar o transmutar tu dolor.

La octava característica es el «miedo al cambio». Este temor se asienta en la pereza, la comodidad y la pasividad, procrastinando todo lo posible el tomar cualquier acción que te lleve a salir de tu zona de confort. Y al permanecer de forma indefinida estancado en lo viejo terminas por sentir aversión a lo nuevo, lo desconocido y lo incierto. Es entonces cuando haces tuyo el lema de la mediocridad: «Más vale malo conocido que bueno por conocer». Ésta es la razón por la que el victimismo es una de las lacras de nuestro tiempo. Esencialmente porque actúa como un freno al progreso y la evolución de la sociedad.

El noveno y último atributo es tal vez el más importante de todos. Se trata de la «reafirmación». Y ésta pasa por rodearte solamente de familiares y amigos que validen tu papel de víctima. De hecho, te sientes traicionado y ofendido cuando alguno de ellos se atreve a confrontar tu narrativa victimista. Es algo que ni toleras ni perdonas. Más que nada porque sin un entorno social que refuerce estas creencias, es imposible que tu victimismo pudiera mantenerse por mucho tiempo. De ahí la importancia de contar con buenos amigos. Es decir, con personas maduras emocionalmente que —de forma asertiva— te inviten de tanto en tanto a cuestionar tu mentalidad victimista. Y no simplemente a decirte lo que el ego quiere escuchar.

Las personas victimistas están constantemente
creando dificultades que justifiquen su impotencia
y buscando obstáculos que reafirmen su condición de víctima.

VIKTOR FRANKL

13. Esclavos de la reactividad

Cada día has de lidiar con situaciones inesperadas, muchas de las cuales detonan inconscientemente tu reactividad. Cuando tan solo sale agua fría de la ducha porque se ha roto la caldera, reaccionas. Cuando coges el tetrabrik de leche de la nevera y resulta que alguien lo ha dejado vacío sin reponerlo, reaccionas. Cuando lees en el periódico que el Gobierno ha decidido volver a subir los impuestos, reaccionas. Cuando el coche de delante para de golpe y tienes que pegar un frenazo para no chocar contra él, reaccionas. Cuando en una reunión tu jefe señala varios errores del informe en el que has estado trabajando, reaccionas.

Cuando tu pareja no escucha lo que estás diciendo porque está distraída con su teléfono móvil, reaccionas. Cuando le pides a tus hijos varias veces que se laven los dientes y no te hacen ni caso, reaccionas. Cuando un amigo te cancela a última hora el plan que con tanta ilusión habías montado, reaccionas. Cuando algún miembro de tu familia hace un comentario inapropiado sobre algún tema que te toca la fibra, reaccionas.

Cuando saludas amablemente a un vecino y te ignora por completo, reaccionas. Cuando un usuario deja un comentario negativo sobre una publicación tuya en las redes sociales, reaccionas. Cuando te llega una carta del Ministerio de Hacienda informándote de que tienes que pagar un recargo por una sanción que desconocías, reaccionas. Cuando el servicio de atención al cliente de una compañía telefónica no es capaz de resolver tu problema, reaccionas. Cuando te encuentras atrapado en un atasco de tráfico y llegas tarde a una cita importante, reaccionas... Si observas detenidamente tu comportamiento, te darás cuenta de que en su mayor parte es completamente reactivo.

Reacción es igual a perturbación

Vives encerrado en una cárcel psicológica llamada «reactividad». Tú no eliges manifestar este tipo de reacciones emocionales. Se disparan de forma automática sin pasar por un filtro racional y un proceso de decisión consciente. Y al ser esclavo de tu reactividad te conviertes en un esclavo de tus circunstancias. Ésta es la razón por la que desde tu mentalidad victimista quieres que cambie la realidad en vez de aprender a modificar la forma en la que respondes frente a ella. Más que nada porque sigues creyendo que la causa de tu sufrimiento está fuera en vez de dentro.

Si te fijas atentamente, descubrirás que cada reacción suele venir acompañada de perturbación, especialmente en forma de enfado, rabia o ira. A nivel bioquímico es como si te tomaras un chupito de cianuro. Literalmente envenena tu organismo. Cada reacción-perturbación altera tu estado de ánimo, poniéndote de malhumor. Y te lleva a adoptar actitudes y conductas perjudiciales tanto para ti como para quienes te rodean. Tocas el claxon enfurecido. Te quejas de forma infantil. Propicias insultos con vehemencia. Maldices tu mala suerte. Te pones a la defensiva. Amenazas con los ojos inyectados en sangre. Protestas acaloradamente. Te pegas un susto de muerte. Sueltas alguna bordería. Pierdes los papeles.

También niegas con la cabeza compulsivamente. Refunfuñas y murmuras en voz baja. Juzgas despiadadamente. Cuelgas el teléfono de mala leche. Lloras desconsoladamente. Hablas con tono sarcástico o con desdén. Te cruzas de brazos y frunces el ceño. Te quedas en silencio de manera pasivo-agresiva. Gritas para hacerte escuchar por encima de los demás. Suspiras exageradamente para mostrar tu disconformidad y tu descontento. Das un sonoro portazo al salir de una habitación... Sea lo que sea que hagas cuando reaccionas, jamás aporta nada positivo ni constructivo. Lo único que hace es empeorar las cosas.

¿Por qué reaccionas?

Reaccionar y perturbarte cada vez que algo inoportuno sucede no cambia la realidad, pero sí tu estado de ánimo. Y entonces, ¿por qué sigues reaccionando? Este encarcelamiento psicológico tiene tres causas fundamentales. La primera es biológica. Como hemos visto anteriormente, tu instinto de supervivencia está programado genéticamente para que reacciones impulsivamente frente a determinados estímulos externos, preparándote así para atacar o huir. Es la forma en la que tu cerebro reptiliano intenta protegerte de potenciales peligros y amenazas.

La segunda causa de tu reactividad es neurológica. Fruto del estrés crónico que padeces por vivir en modo supervivencia, tu sistema nervioso suele estar gravemente afectado por niveles muy elevados de cortisol. Esto provoca que estés más susceptible, más tenso y más descentrado. De ahí que saltes o explotes emocionalmente con mucha más facilidad. En paralelo vas creando inconscientemente una red neuronal, según la cual muchas veces tu desproporcionada reacción no tiene tanto que ver con el estímulo que *a priori* la ha detonado, sino con el historial de experiencias pasadas vinculadas con dicho acontecimiento.

Y la tercera causa de tu reactividad es mental. Tiene que ver con la interpretación subjetiva que haces de una situación en concreto. Es decir, con lo que piensas acerca de lo que ocurre en un momento dado. Si percibes un comentario como un ataque personal, reaccionarás impulsivamente y te perturbarás. Si en cambio lo percibes como una oportunidad para aprender y mejorar, no solo responderás de forma pacífica y asertiva, sino que además preservarás tu bienestar emocional. Lo cierto es que gran parte de tu sufrimiento se debe al hecho de que sueles malinterpretar lo que sucede por medio de historias mentales disociadas de la realidad.

En definitiva, tu nivel de reactividad es directamente proporcional al tamaño de tu ego y a tu grado de inconsciencia. Cuanto más dormido estás, más vives con el piloto automático puesto. Y por tanto más reactivo te vuelves. A su vez, cuanto más traumatizado estás, menos autoestima tienes y más inseguro te sientes, lo que te lleva a ser más susceptible y vivir más a la defensiva, volviéndote todavía más reactivo. Al fin y al cabo, tu hiperreactividad pone de manifiesto tu incapacidad para autorregularte emocionalmente de manera efectiva. Es sin duda el gran aliado de tu victimismo y de tu infelicidad.

La reactividad es una prisión con barrotes invisibles
creada por las sombras de tus heridas no sanadas.

GABOR MATÉ

14. Las cadenas del resentimiento

Gran parte de tu infelicidad se debe a tu egocentrismo. Es decir, a querer que la realidad siempre te beneficie y nunca te perjudique. Ésta es la razón por la que cada vez que una persona o una situación no se adecua a tus necesidades, deseos o expectativas reaccionas mecánicamente, tomándote otro chupito de cianuro. Y fruto de tu mentalidad victimista culpas a dicho estímulo externo, totalmente convencido de que es el causante de tu perturbación y sufrimiento. Pero, ¿es eso del todo cierto?

Piensa nuevamente en esa persona a la que ahora mismo le sigues guardando rencor. ¿Qué es exactamente lo que (te) hizo? Trata de separar el hecho objetivo —lo que ocurrió realmente— de la historia egocéntrica y subjetiva que te has venido contando en tu cabeza. Para lograrlo es fundamental que dejes las emociones a un lado, si es que eres capaz de conseguirlo en estos momentos. En función de lo identificado que estés con el ego —y de lo enganchado que estés con tu propio relato victimista—, puede que te sea imposible disociar lo uno de lo otro. De ahí que tu versión de lo que sucedió esté distorsionada por tu dolor.

Independientemente de lo que pasara entre vosotros, el «otro» es responsable de las decisiones que tomó, de las cosas que dijo y de la forma en la que se relacionó contigo. Puede que (*te*) gritara, (*te*) insultara, (*te*) robara, (*te*) traicionara, o lo que fuera que (*te*) hiciera... Ésa es su parte de responsabilidad. De alguna manera, fue un estímulo externo para ti. Ahora bien, la forma en la que tú reaccionaste frente a lo que ocurrió es cosa tuya. Dependió de muchos factores. Entre otros, de tus traumas de infancia. De tu estado de ánimo. De tu grado de comprensión...

El sinsentido de la ira

Lo que al ego le cuesta mucho de comprender es que la semilla de la ira que manifestaste en su día ya estaba en tu interior. Floreció reactivamente desde dentro como consecuencia de pensar que *eso* que sucedió fue «injusto» y que «no debería de haber sucedido». Y debido a tu victimismo también culpaste al otro de lo que sentiste. Sin embargo, en última instancia tú eres el único responsable de tus emociones. Al afrontar la misma situación, otra persona con más sabiduría no se hubiera enojado como tú. Habiendo pasado lo mismo que pasó, hubiera encontrado la manera de mantenerse serena y ecuánime, sin dejarse secuestrar por pensamientos neuróticos ni dejarse arrastrar por reacciones emocionales.

El hecho de que hayas sido víctima en alguna situación no quiere decir que tengas que serlo para siempre. De ahí la importancia de que integres y sueltes lo vivido en vez de aferrarte al dolor. Además, ¿qué sentido tiene enfadarse y sufrir por las decisiones y el comportamiento de otras personas? El hecho de que tú sufras es completamente inútil. No sirve para nada. Ni cambia la situación ni resuelve el problema. Tan solo te hace daño a ti, envenenando tu mente y tu corazón con más cianuro. Nuevamente, tu perturbación es fruto de tu ignorancia, tu inconsciencia y tu reactividad. Pero al seguir yendo de víctima por la vida, en ningún momento te haces cargo de tu parte de responsabilidad. Prueba de ello es que sigues creyendo que el dolor que sentiste en relación a lo que pasó es culpa del otro. Y una forma muy neurótica de castigarlo —o mejor dicho, de castigarte a ti mismo— es a través del odio y del rencor.

Sentir resentimiento por alguien se asemeja mucho a encerrar a tu *agresor* en una mazmorra.[29] Piensas que así lo estás castigando por el sufrimiento que te causó. Y de tanto en tanto vas a visitarlo, recordándole lo mucho que lo desprecias por lo que te hizo. En muchas ocasiones, no puedes dejar de rumiar una y otra vez sobre el daño que esa persona te generó, provocando que el odio fluya nuevamente por tus venas. El rencor te obsesiona con los errores ajenos, volviéndote ciego a los tuyos propios. Al ego le cuesta enormemente olvidar y perdonar una ofensa —ya sea real o imaginaria—, para poder así alimentar su deseo de venganza. Y con él, seguir apoderándose de tu atención sin que te des cuenta.

La paradoja del rencor es que te lleva a apuñalarte a ti mismo esperando que el otro sienta dolor. Sin embargo, al primero y al único al que hace sangrar es a ti. Y llega un momento en que te das cuenta de que quien en realidad está encerrado eres tú. Tú eres el verdadero prisionero del resentimiento, no el otro. Y hasta que no cuestiones tu versión tan victimista de los hechos —y sueltes el rencor a través del perdón—, seguirás encadenado al dolor que tú mismo sigues reviviendo una y otra vez en tu mente. Perdonar es la llave que te libera para siempre de las cadenas del resentimiento. Parece que lo haces por el otro, pero a quien beneficia es a ti.

La ira es un veneno que uno toma
esperando que el otro muera.

15. Aquí nadie asume su sombra

Neurosis. Victimismo. Reactividad. Resentimiento... Todas estas obstrucciones mentales no solo te perpetúan en el sufrimiento, sino que te impiden conectar con el estado natural de tu ser: la felicidad. Son síntomas inequívocos de que sigues gobernado por tu sombra y tiranizado por tu lado oscuro. Es decir, por la parte de tu psique que contiene aquellos aspectos de ti mismo que has negado y ocultado de forma inconsciente.

Tu sombra es un gran cajón de sastre cerrado con llave en lo más profundo del sótano de tu alma. Es donde albergas los rasgos de tu personalidad que te desagradan. También es donde almacenas creencias limitantes. Pensamientos inconfesables. Emociones reprimidas. Miedos irracionales. Necesidades insatisfechas. Impulsos inexpresados. Anhelos enterrados. Vergüenzas enmascaradas. Sentimientos de culpa. Traumas no resueltos. Fantasmas del pasado. Demonios internos. Recuerdos dolorosos. Heridas no sanadas. Defectos escondidos. Expectativas frustradas. Penas no superadas. Deseos de venganza...

Por más que reprimas y rechaces tu sombra, ésta no se va a ninguna parte. Te acompaña vayas donde vayas. Y más aún: estas tensiones internas no resueltas necesitan encontrar una salida por medio de la cual liberar parte de la presión acumulada. Y de todas las válvulas de escape que empleas para exorcizar tu lado oscuro, las tres más comunes son: la adicción (comportamientos compulsivos y autodestructivos), la somatización (dolencias crónicas y enfermedades psicosomáticas) y la proyección (culpando y transfiriendo tu lado oscuro a otras personas de tu entorno).

LA NECESIDAD DE CHIVOS EXPIATORIOS

Movido por tu mentalidad victimista, te cuesta horrores asumir tu parte de responsabilidad cada vez que cosechas algún resultado insatisfactorio en tu vida. Hacerlo implicaría asumir parte de tu propia sombra, lo cual es demasiado doloroso para el ego. Ésta es la razón por la que necesitas proyectar tu lado oscuro en un «chivo expiatorio». Es decir, en una persona a quien culpar y castigar por problemas que en realidad no ha causado, permitiendo que no asumas las consecuencias de tus propias decisiones, acciones y errores.

Un claro ejemplo de proyección de la sombra se produce durante las separaciones sentimentales, especialmente cuando hay hijos de por medio. A ello se refiere la expresión «se conoce a la pareja en el divorcio». Solo hay que hablar con algún abogado matrimonialista para corroborarlo. El hecho de que estos litigios suelan terminar como el rosario de la aurora se debe a que los dos miembros de la pareja que se ha roto suelen culparse el uno al otro por todo lo que no ha funcionado en su matrimonio. Al no asumir sus respectivos fallos personales, proyectan su rabia y su rencor sobre su expareja, convirtiendo la ruptura en un campo de batalla. Por medio de la culpa ambos pueden mantener su autoimagen de víctimas inocentes, evitando así el dolor de confrontar su lado oscuro...

La fórmula es muy sencilla: cuanto mayor es tu victimismo, mayor es tu tendencia a buscar culpables fuera de ti. Culpas a tus padres. A tus hermanos. A tu pareja. A tu expareja. A tus hijos. Al resto de tus familiares. A tus amigos. A tus enemigos. A tu familia política. A tus vecinos. A tus profesores. A tu empresa. A tu jefe. A tus compañeros de trabajo. Al Gobierno. A los medios de comunicación. Al sistema educativo. A las corporaciones. A los bancos. A los ricos. A las oligarquías... También culpas a entes cada vez más abstractos, como a la economía. Al capitalismo. A los mercados financieros. A la sociedad. Al patriarcado. A la religión. A la tecnología. A la vida. Al destino. A dios. Al universo...

El Día Internacional de la Sombra

La búsqueda compulsiva de chivos expiatorios explica por qué a una gran mayoría de personas les encanta mirar las noticias de la televisión. Son la excusa perfecta para canalizar su mediocridad y su insatisfacción, proyectando sus miserias personales en los políticos y en los famosos de turno que aparecen por la pantalla. Las personalidades públicas son la diana más fácil a la que lanzar dardos envenenados de impotencia, resignación y frustración...

Hoy en día es un milagro encontrar a adultos maduros emocionalmente que asuman su propia sombra. Ojalá tú seas uno de ellos. Cada vez que te sorprendas culpando a alguien es tiempo de hacer una pausa y reflexionar. ¿Qué parte de tu lado oscuro estás proyectando en esa persona? ¿Qué sombra tuya te está reflejando? Abrazar tu lado oscuro es el primer paso para iluminarlo, sanarlo y trascenderlo. Es lo que te permite cuestionar tu victimismo y empezar a cultivar una «mentalidad de crecimiento».

Cuando una parte representativa de la sociedad viva de forma consciente, es muy probable que se acabe estableciendo «el Día Internacional de la Sombra»: una jornada de reflexión para que cada uno de nosotros —de forma individual— se mire en el espejo de su alma. ¡Cómo cambiaría el rumbo de la humanidad en pocas generaciones si todos dedicáramos un ratito cada semana a iluminar nuestro lado oscuro! Más que nada porque el mundo y el sistema en el que vivimos son una proyección colectiva. Metafóricamente, el hecho de que aquí nadie asuma su sombra ha convertido el mundo en un jardín abandonado, donde las malas hierbas crecen sin control mientras los jardineros se culpan unos a otros por no hacer bien su trabajo.

Deja de mirar la paja en el ojo ajeno
y quítate la viga que tienes en el tuyo.

JESÚS DE NAZARET

IV

El manicomio social

Había una vez un leñador que vivía en un pequeño pueblo en el que todos los habitantes se conocían. Y una mañana descubrió horrorizado que su hacha había desaparecido. Recordaba haberla usado la noche anterior, pero no la encontró por ningún lado. Ni en su casa ni en el bosque. Desesperado, llegó a la conclusión de que alguien la había robado mientras dormía.

El primer sospechoso que le vino a la mente fue el hijo de su vecino. «Es un chaval travieso que siempre está tramando cosas raras. Seguro que ha sido él», murmuró para sus adentros. Esa misma mañana empezó a observarlo más de cerca, pues se pasaba muchas horas delante de su casa. Enseguida notó que su manera de caminar era exactamente la de un ladrón. Parecía moverse con cautela, como si estuviera ocultando algo.

Más tarde se volvió a encontrar con el joven en la plaza del mercado. Observó la expresión de su rostro y no pudo evitar pensar que esa mirada era la de alguien que escondía un secreto. Incluso su forma de hablar le parecía ahora sospechosa —pausada y cuidadosa—, como si midiera cada palabra para no delatarse. Cada gesto y acción del muchacho parecía gritar: «¡Soy un ladrón!».

En busca de una nueva hacha

Convencido de la culpabilidad del hijo de su vecino, el leñador comenzó a tratarlo con desconfianza y frialdad. No podía sacarse de la cabeza la idea de que había sido él quien le había robado su preciada hacha. Esta convicción se arraigó tanto en su mente que llegó a evitar cualquier contacto con el joven y su familia, alimentando un desprecio creciente.

Mientras tanto, el leñador fue en busca de una nueva hacha para continuar con su trabajo en el bosque. Recordó que uno de los ancianos vecinos que vivía cerca de su casa era dueño de un taller. «Seguramente tenga un hacha de sobras que pueda prestarme», se dijo a sí mismo, pensativo. Sin embargo, mientras se dirigía hacia allí, empezó a cavilar en la última vez que se habían visto y en cómo aquel hombre había sido un poco antipático con él.

«Tal vez no quiera prestarme una de sus hachas», pensó el leñador, cabizbajo. «De hecho, suele mirarme de manera extraña. Seguramente piensa que soy un gorrón y que siempre estoy pidiendo cosas prestadas», continuó en su fuero interno. A medida que se acercaba al taller de su vecino, el leñador seguía rumiando estos pensamientos: «Si realmente no quiere prestarme el hacha, es probable que me dé alguna excusa absurda. ¡Qué egoísta! Todo el pueblo sabe que tiene un montón de herramientas en su taller».

El viejo mezquino

Cuando finalmente llegó al taller de su vecino, el leñador estaba tan enfadado por la película que se había montado en su cabeza que apenas podía contenerse. Y en el momento en que el anciano abrió la puerta, el leñador explotó de rabia: «¡¿Sabes qué?! ¡Quédate con tus malditas herramientas! ¡No necesito nada de ti, viejo mezquino!». Atónito, el anciano se quedó mirando al leñador mientras éste se daba la vuelta y se marchaba furioso.

Poco después, mientras caminaba de regreso hacia su casa, el leñador se tropezó con algo que estaba escondido tras unos arbustos. Para su sorpresa y vergüenza allí estaba su hacha, medio enterrada bajo la tierra. De pronto recordó nítidamente que había estado cortando leña en ese lugar un par de noches atrás y había olvidado recogerla.

Con el hacha en la mano, se cruzó nuevamente con el hijo de su vecino. Sin la nube de la sospecha que había nublado su juicio días atrás, observó al joven de manera diferente. Notó que su caminar era simplemente el de un chico normal, yendo a su ritmo y sin nada que ocultar. También se fijó en que su expresión era abierta y amistosa y su forma de hablar, despreocupada y sincera. Removido por dentro, entró en su casa y fue directo al baño. Y mirándose a los ojos fijamente en el espejo empezó a negar con la cabeza. Fue entonces cuando algo le hizo clic.[30]

16. El reino del ego

Hoy en día está aconteciendo un fenómeno tan curioso como desconcertante: la «realidad normativa» es un espejismo. Formas parte de una civilización donde nada es lo que parece ser. De hecho, suele ser otra cosa. Vives inmerso en una farsa colectiva, donde lo que se te presenta como verdad a menudo esconde una sarta de engaños y mentiras. A su vez, lo superficial ha ganado por goleada a lo esencial. Y con esta victoria has salido perdiendo. De ahí que tiendas a llevar una existencia de mucha apariencia y poca sustancia. Desde lejos da la sensación de que las cosas funcionan con normalidad y que la gente está más o menos bien. Sin embargo, cuando miras más de cerca —sea lo que sea—, te das cuenta de que el sistema está corrompido y que la humanidad está enajenada.

No es ninguna exageración afirmar que la sociedad se ha convertido en un gran manicomio. La única razón por la que no estamos todos encerrados es porque somos demasiados. Eso sí, se trata de una locura común y socialmente aceptada. Prueba de ello es que ves como normales ciertos comportamientos irracionales y autodestructivos simplemente porque son compartidos por la mayoría. Tanto es así, que si te adaptas y prosperas en este manicomio social eres considerado como alguien «cuerdo», mientras que si lo cuestionas y buscas formas alternativas de pensar y de vivir te tachan de «loco». Es literalmente el mundo al revés.

Uno de los síntomas de esta enajenación masiva es que entre todos hemos acordado tácitamente que el estilo de vida occidental —basado en trabajar, consumir y evadirse— es la solución definitiva al enigma de la existencia humana. Pero solo hace potenciar la neurosis y la alienación. No es casualidad que tu estado emocional suela estar protagonizado por el vacío, el estrés y la ansiedad. De alguna manera, te has resignado a pensar que la infelicidad es el precio que has de pagar como parte del progreso y la modernidad. Tu vida suele estar tan llena de ruido, distracciones y ocupaciones que rara vez te detienes a preguntarte para qué vives ni si te sientes realmente satisfecho con tu existencia.

EL SISTEMA ESTÁ CORROMPIDO

Sin darte cuenta te has convertido en un súbdito más del reino del ego. Dado que estás controlado mentalmente por este *yo* ilusorio, sueles ir bastante a la tuya. Al igual que el resto del mundo, estás demasiado obcecado en mirar solamente tu propio ombligo. Ahí afuera no sueles ver a nadie más que a ti mismo. Y tu obsesión por satisfacer tus ansias personales te hace ignorar las necesidades de los demás. El ego está tan hambriento de éxito, atención, dinero, validación y poder que te lleva a escalar una montaña sin cumbre, agotando tus fuerzas sin llegar nunca a la cima. Así es como has contribuido con tu granito de arena a perpetuar un sistema que glorifica este comportamiento narcisista.

La razón principal por la que el sistema está corrompido es porque está construido sobre los cimientos de un egoísmo colectivo desmedido. ¿Acaso la codicia y el interés propio no son el motor oscuro de muchas de tus decisiones y acciones? El resultado es que todos los subsistemas e instituciones que constituyen la actual realidad normativa están completamente prostituidos. Es una simple cuestión de tiempo que el hedor de las cloacas de nuestra civilización salga a la superficie... El sistema educativo —en lugar de volverte un librepensador— se ha convertido en una cadena de montaje estandarizada que fomenta la mediocridad y el conformismo. La escuela no desarrolló tu pensamiento crítico ni tu creatividad, sino que te moldeó y adiestró para seguir instrucciones y adaptarte al orden social establecido.

El sistema político y gubernamental —en lugar de hacer de árbitro imparcial— se ha convertido en un monstruo burocrático y totalitario que coarta la libertad de los ciudadanos. Los políticos no representan tus intereses, sino que emplean el populismo para intervenir en todos los aspectos de tu vida para igualarte en la pobreza y volverte dependiente del Estado. El sistema informativo —en lugar de fomentar la consciencia— se ha convertido en un megáfono del poder dominante para desinformar y manipular a la sociedad. Los medios de comunicación masivos no te muestran la verdad, sino que controlan tu pensamiento con propaganda diseñada para mantenerte ignorante.

Un castillo de naipes insostenible

El sistema financiero —en lugar de generar riqueza— se ha convertido en un castillo de naipes insostenible que genera deuda, inflación y miseria a base de crear dinero ficticio. Los bancos no te ayudan a prosperar económicamente, sino que intentan volverte siervo de sus préstamos. El sistema laboral-empresarial —en lugar de ofrecer la posibilidad de autorrealizarte— se ha convertido en una máquina orientada excesivamente al afán de lucro cortoplacista para maximizar las ganancias de los accionistas. Muchas empresas no te tratan como a un ser humano, sino como a un recurso fácilmente desechable.

El sistema judicial —en lugar de hacer cumplir la ley y garantizar la equidad— se ha convertido en un peón del juego político para preservar la supremacía de una élite. La mayoría de jueces no imparten justicia de forma imparcial, sino que dictan sentencias que favorecen a quienes ostentan privilegios y conexiones. El sistema religioso —en lugar de hacer de puente hacia la divinidad— se ha convertido en una multinacional de la fe que vende salvación a cambio de sumisión. La clase clerical no promueve el autoconocimiento y la espiritualidad, sino que impone dogmas, utilizando el miedo y la culpa para secuestrar tu mente y tu alma.

El sistema alimentario —en lugar de nutrirte y fortalecerte— se ha convertido en un negocio que se lucra vendiendo veneno disfrazado de comida. La industria alimentaria no te proporciona energía ni vitalidad, sino que te ceba con productos ultraprocesados que deterioran tu salud y te causan enfermedades. Y el sistema médico y sanitario —en lugar de promover tu bienestar de forma preventiva— se ha convertido en un comercio de la enfermedad para tener una clientela perpetua. La industria farmacéutica no se centra en curar las causas, sino en paliar los síntomas para mantenerte dependiente de fármacos que cronifican tus dolencias... Por todo ello, nuestra civilización se asemeja a un tren descarrilado sin conductor, sin rumbo y sin frenos que corre a toda velocidad hacia un precipicio. La *hostia* va a ser tan épica como inevitable.

El ser humano inventó la bomba atómica,
pero ningún ratón en el mundo construiría
una trampa para ratones.

ALBERT EINSTEIN

17. Muertos vivientes

Dicen que la realidad siempre supera a la ficción. Y es muy cierto. Sin embargo, el mundo del cine emplea la ficción para mostrar aspectos de la realidad que, en ocasiones, han permanecido ocultos. La grandeza de algunas películas y series es que consiguen que te veas reflejado en ciertos personajes, confrontándote con verdades que a menudo has venido ignorando. Eso sí, solo unas pocas producciones audiovisuales han logrado provocar una catarsis colectiva, convirtiéndose en parte de la cultura popular.

Eso fue precisamente lo que logró *La noche de los muertos vivientes*,[31] una película de serie B y con muy bajo presupuesto estrenada en 1968. Fue la primera vez que los espectadores pudieron ver en la gran pantalla —totalmente conmocionados— a un grupo de zombis. Enseguida se convirtió en un éxito de taquilla a nivel internacional. Y a día de hoy sigue siendo una de las obras cinematográficas más rentables jamás realizadas hasta ahora.[32]

Unos 50 años más tarde apareció la serie *The walking dead*,[33] la cual también ha batido numerosos récords de audiencia. Se ha emitido en más de 120 países de todo el mundo y ya la han visto más de 200 millones de espectadores...[34] ¿Qué tiene el fenómeno zombi para que capte tanto la atención de la gente? ¿Acaso no es una metáfora del comportamiento general de la sociedad moderna? Nunca antes en la historia de la humanidad tantas personas se han visto representadas —sin darse cuenta— por un colectivo aparentemente ficticio que, en realidad, refleja parte de su psiquismo. Esta identificación inconsciente es la razón por la que muchas de ellas se han enganchado a este tipo de contenidos audiovisuales.

Cuerpos sin alma

Una de las expresiones más utilizadas para describir a la sociedad actual —completamente enajenada y alienada— es la de «muertos vivientes» o «zombis». Y no es para menos. Esta palabra procede del criollo haitiano y significa «cuerpos sin alma». Es decir, individuos deshumanizados que están muertos en vida y que caminan por inercia. Que se mueven como autómatas, sin consciencia y desconectados de su verdadera esencia. Que no utilizan el cerebro —no piensan ni reflexionan—, sino que se mueven por impulsos y reacciones. Que carecen de empatía, compasión y amor. Que no se puede razonar con ellos. Que van siempre en manada y siguen al rebaño. Que son voraces e insaciables. Que no contribuyen, no suman ni aportan ningún valor. Que no buscan curación. Y que no paran hasta que literalmente revientan...

Otro de los rasgos predominantes de los zombis es su aversión hacia los vivos. Pero a diferencia de lo que sucede en la ficción en el mundo real no tratan de devorar sus cerebros; los atacan con juicios y críticas despiadados. No soportan la vitalidad ni la felicidad ajenas. Quizá por eso es que el adjetivo «vividor» sigue teniendo tantas connotaciones negativas y peyorativas... Es como si vivir plenamente fuera un pecado imperdonable en un mundo en el que la mayoría no sabe cómo hacerlo.

Movidos por la amargura, los *walking dead* envidian en secreto a quienes les van bien las cosas y disfrutan de la vida. De ahí que suelan mirar con desprecio y recelo a las personas genuinamente felices, lanzándoles frases envenenadas llenas de ironía y sarcasmo como: «¡Qué bien vives, ¿no?!» Estas palabras son dardos disfrazados de humor. Y su objetivo es despojar de alegría a quien aún la conserva. Intentan apagar en los otros la chispa de luz que no logran encender en su interior y poder así justificar su propia oscuridad. Así que ten cuidado: en presencia de un muerto viviente, que no se note tu felicidad. Cada vez que te cruces con uno de ellos, disimula. Recuerda que solo van a por los vivos. Y en caso de que te pregunten cómo estás, pon cara de cansado y simplemente di: «Tirando, ¿y tú?».

Te mueres en vida no cuando tu corazón deja de latir,
sino cuando tus días se convierten en una tediosa
y monótona rutina de acciones sin alma.

ANTONIO GALA

18. La policía de la moral

Cada tiempo cuenta con su propia moral. Es decir, con la manera correcta en la que supuestamente se deben hacer las cosas. De ahí surgen las convenciones sociales, que son una serie de acuerdos y reglas no escritas que regulan el comportamiento dentro de una sociedad. De hecho, tienden a imponerse a través de una severa presión social. Y determinan qué es aceptable y qué no lo es. Por un lado, proporcionan orden, seguridad y estabilidad en el lugar en el que vives. Pero por el otro, coartan tu libertad y autenticidad como individuo. Es lo que se conoce como «*statu quo*» u «orden social establecido». Y pobre de ti como te atrevas a cuestionarlo o transgredirlo. Enseguida recibes la desaprobación, el juicio y el rechazo de quienes te rodean.

No sé si te has dado cuenta, pero la sociedad actual se ha convertido en un «tribunal de inquisición» en el que todos sus miembros —tú incluido— actúan como jueces y verdugos implacables, emitiendo veredictos condenatorios de las conductas ajenas. Especialmente de aquellas que se salen del ideario de lo políticamente correcto. Hoy en día no basta con obedecer las leyes; también hay que cumplir con las expectativas morales del colectivo. Cualquier desviación de las normas impuestas por la cultura dominante es castigada con un linchamiento público feroz. Y este dedo acusador no necesita pruebas, tan solo un «me molesta» o «no estoy de acuerdo» para emitir una condena. En este sentido, las redes sociales han dado voz a un colectivo emergente: los *haters*, que en inglés quiere decir los «odiadores» o «detractores». Es decir, personas que públicamente muestran su odio mediante críticas y juicios despiadados contra cualquier punto de vista o comportamiento contrario a sus creencias.

Vivimos en tiempos *orwellianos*: lo que se busca es la uniformidad del pensamiento y el conformismo intelectual. Cada vez hay menos lugar para el debate y el intercambio constructivo de ideas. El disenso es percibido como una amenaza que debe ser silenciada. Debido a la excesiva identificación con el ego, la gran mayoría de ciudadanos están tiranizados por sus sentimientos. Y cada vez que ven o escuchan algo que difiere de la moral dominante reaccionan ofendidos. Al ser esclavos de su susceptibilidad, todo se lo toman como un ataque personal. Y cegados por sus propias emociones son incapaces de establecer un diálogo racional y respetuoso con quienes piensan diferente. Da igual si lo que se dice es razonable o no. El hecho de que hiera sus sentimientos es argumento más que suficiente para condenarlo y tratar de erradicarlo.

La cultura de la cancelación

Prueba de ello es el auge imparable de «la cultura de la cancelación». Se trata de un fenómeno social contemporáneo en el que individuos, grupos o figuras públicas son repudiados, boicoteados, censurados o cancelados por expresar opiniones o manifestar conductas que difieran de los estándares ideológicos impuestos por la sociedad. No importa quién seas o qué hayas hecho en tu vida; una simple frase, un comentario sacado de contexto o una acción impopular que no siga la corriente dominante es suficiente para acabar con tu reputación y tu carrera.

Esta dictadura de lo políticamente correcto no solo crea un ambiente de hostilidad y división, sino que ejerce un control social sobre la forma de actuar de los ciudadanos. Es un ataque directo contra la libertad de pensamiento y de expresión. Seguramente más de una vez hayas reprimido alguno de tus impulsos y autocensurado alguna de tus opiniones por miedo a ser diana de la ira colectiva. La existencia de esta policía de la moral provoca que ser tú mismo esté penalizado. Más que nada porque ser fiel a tu verdadera esencia, mostrar tu singularidad y atreverte a seguir tu propio camino implica transgredir alguna convención social de tu tiempo. Y esto es algo que la mayoría de adultos de tu propio entorno no tolera ni perdona. Al idolatrar la uniformidad y la igualdad, la autenticidad se suele pagar con exclusión y ostracismo social.

Como consecuencia del tribunal de Inquisición en el que vives, el lema de la sociedad actual parece ser «juzgo, luego existo». El ego se ha erigido como el gran juez moral, necesitando constantemente reafirmarse a través del juicio a los demás. ¿Acaso no te sorprendes juzgando a tus semejantes cada vez que actúan de manera diferente a como tú consideras que deberían haber actuado? Detrás de tus juicios se esconde «la herida de la insuficiencia». Es decir, la desagradable sensación de sentir que tu ser es imperfecto e insuficiente. Que no está bien ser como eres. Y que, por tanto, tienes que ser mejor de como eres ahora. Así es como inconscientemente creas un ideal subjetivo de cómo deberías ser para ser perfecto, acorde con la moral de la sociedad. Pero por más que te exijas y te esfuerces nunca lo alcanzas. Por eso a menudo te sientes tan frustrado e insatisfecho contigo mismo.

Don y doña perfectos

Eso sí, para maquillar tus complejos y carencias vas de don (o doña) perfecto por la vida. Movido por tu inseguridad, estás convencido de que tu forma de pensar es *la* forma de pensar. Y que quien piense diferente a ti está equivocado. En paralelo, al sentirte imperfecto por dentro, percibes imperfección por todas partes. En ningún momento ves a los demás como son, sino como crees que tendrían que ser. Todo el rato los estás comparando con la versión idealizada que te has montado en la cabeza acerca de ellos. Y al no cumplir con tus expectativas egocéntricas tiendes a sentirte decepcionado y a juzgarlos con frialdad. Pero, ¿quién te ha nombrado juez y jurado de la vida de los demás? ¿Acaso tú nunca te equivocas? ¿Por qué, entonces, sueles ser tan rígido e inflexible con los fallos ajenos? En el fondo, cuanto más severamente juzgas a otros, más delatas la dureza con la que te juzgas a ti mismo.

Señalar los defectos ajenos y juzgar constantemente a los demás es un mecanismo de defensa muy sofisticado. Juzgar es la manera rápida y fácil de elevarte por encima de tus semejantes sin tener que esforzarte en mejorar realmente. Es la forma que tiene el ego de hacer que sientas temporalmente una falsa sensación de superioridad moral. La fórmula es muy simple: para que te sientas mejor contigo mismo necesitas que los otros sean peores que tú. Así es como compensas el complejo de inferioridad que, en realidad, sientes por no aceptarte y amarte a ti mismo tal como eres. De ahí que para proteger tu maltrecha autoestima emplees dos estrategias: o te rodeas de personas objetivamente más mediocres que tú o te dedicas a criticar subjetivamente a las que no lo son para sentirte superior a ellas.

Qué perversa paradoja es en la que vives. Por un lado, la presión de encajar en moldes de pensamiento y de comportamiento estandarizados para evitar ser juzgado te despoja de tu libertad para ser quien verdaderamente eres, sometiéndote a llevar una existencia mediocre. Y por el otro, en tu afán de hinchar artificialmente tu molida autoestima necesitas juzgar permanentemente a tu prójimo —y éste a ti— para que ambos os sintáis mejores de cómo os sentís... Viviendo en una sociedad vigilada por la policía de la moral —donde la hipocresía es premiada y la autenticidad es castigada—, ¿cómo demonios vas a ser feliz?

El mayor pecado del mundo
es el de ver a los demás como pecadores.

ANTHONY DE MELLO

19. La muralla del orgullo

Dado que seguramente todavía no has sanado y trascendido tus conflictos internos, éstos tienden a manifestarse externamente en forma de malentendidos, discusiones y peleas con otras personas. Especialmente con aquellas con las que más interactúas, empezando por tus seres queridos. Y por medio de estos desencuentros emocionales, en demasiadas ocasiones os termináis haciendo daño los unos a los otros. Puede ser que seas de los que agredes de forma activa y directa. O tal vez de los que lo hacen de manera pasiva e indirecta. Sea cual sea tu estilo de agresión, en ocasiones dices o haces *cosas* que ofenden a otros. Y en otras, son los demás quienes hacen o dicen *cosas* que te ofenden a ti, generando toneladas de dolor y sufrimiento.

Nuevamente, la causa de este choque de trenes permanente reside en la excesiva identificación con el ego. Vas por la vida como si fueras un *yo* con patas. Sin darte cuenta, estás encerrado en tu burbuja mental, secuestrado por ensoñaciones egocéntricas relacionadas con tus necesidades, deseos y expectativas. Y dado que el resto de seres humanos malvive del mismo modo tarde o temprano lo que tú quieres termina entrando en conflicto con lo que el otro quiere. A este acontecimiento se le conoce coloquialmente como «conflicto de intereses». Y desde una perspectiva de autoconocimiento tiene un valor incalculable, pues suele desnudar al ego y revelar —aunque sea por momentos— la verdad oculta que ambos lleváis dentro.

No importa el tipo de vínculo que mantengas con otra persona: sea un padre, un hermano, una pareja, un hijo, un amigo, un jefe, un compañero de trabajo, un cliente, un vecino o incluso un desconocido... Mientras las cosas van bien y todo el mundo siente que está obteniendo lo que necesita, quiere y espera de dicha relación, en general no suele haber ningún problema. Cuando eso sucede es fácil que cada uno muestre su mejor cara, que todo fluya como la seda y que la armonía parezca garantizada.

Pero todo cambia cuando emergen dificultades y tensiones con esa persona. Es entonces cuando el ego toma el control de la situación, cayéndose la máscara de la cordialidad. Tener un conflicto de intereses con alguien revela de qué pasta ambos estáis hechos. Muestra con nitidez hasta qué punto estáis dispuestos a ceder para encontrar una solución que satisfaga a ambas partes. No hay mejor manera de conocer el fondo de alguien —y por supuesto el tuyo— que cuando vuestros respectivos intereses entran en disputa. Solo entonces queda muy claro cuánto os importa genuinamente el bienestar del otro por encima del vuestro, así como a lo que estáis dispuestos a renunciar para lograr un acuerdo mutuamente beneficioso y satisfactorio.

BATALLAS CAMPALES

La cruda realidad es que los conflictos de intereses tienden a sacar lo peor de la condición humana. Esencialmente porque son situaciones confrontantes que suelen alterar el sistema nervioso, poniéndote a ti y a la otra parte en modo ataque o huida. El ego convierte un desacuerdo en una lucha por su supervivencia. Y al vivirse con cierto estrés y ansiedad también suele nublar vuestra capacidad de raciocinio, llevando dicha disputa al terreno de lo personal. Es ahí donde las emociones reprimidas afloran, provocando que, en muchas ocasiones, el conflicto escale en intensidad, llegando incluso a convertirse en una sangrienta batalla. Es entonces cuando el ego se suelta la melena y se pone las botas, provocando que ambos os tiréis los trastos a la cabeza y os digáis auténticas barbaridades a la cara.

Una vez la pelea ha concluido, lo más habitual es que os vayáis cada uno por su lado, con un poso de perturbación en vuestra mente. Y que seguidamente os victimicéis, culpándoos el uno al otro del malestar que sentís en vuestro corazón. Cegados por el ego, en ningún momento os cuestionáis ni hacéis autocrítica, preservando así la imagen idealizada que habéis construido de vosotros mismos. Tampoco asumís vuestra parte de responsabilidad en dicha contienda, pues hacerlo implicaría algo tremendamente doloroso: admitir que os habéis equivocado.

Movidos por el orgullo, perdéis por completo la capacidad de cultivar la empatía, cerrando la puerta al entendimiento mutuo y creando un ambiente hostil, donde ninguna de las partes se siente vista, escuchada o comprendida. A su vez, os lleva a priorizar el ganar la discusión por encima de buscar una solución beneficiosa para ambos. Para el ego ceder es visto como una derrota. Y como consecuencia construís una muralla mediante la que separaros y distanciaros todavía más del otro, creando resentimientos y dañando la relación a largo plazo. Actuando de este modo os quedáis atrapados en vuestra narrativa victimista, la cual os impide ser conscientes de vuestros patrones de comportamiento tóxicos.

Ceder en un conflicto no es una derrota,

es una victoria sobre uno mismo.

CONFUCIO

20. Un crimen llamado «sincericidio»

La sociedad es un teatro donde reinan la superficialidad, la mentira y la hipocresía. Vivimos en un mundo de apariencias donde nadie realmente conoce de verdad a nadie. Sé radicalmente honesto contigo mismo: ¿qué imagen quieres dar a través de las fotos y los *posts* que subes en tus redes sociales? ¿Cómo actúas cuando no te queda más remedio que socializar con los padres de los amigos de tus hijos a los que apenas conoces? ¿Qué cara muestras cuando te reúnes con el resto de tus compañeros de trabajo delante de tu jefe? ¿De qué hablas con los desconocidos que te han tocado en la mesa de una boda? ¿Acaso no sueles relacionarte por medio de una máscara, diciendo lo que se supone que has de decir para causar una buena impresión? ¿Acaso no sueles protegerte tras una coraza para evitar que entren en contacto con tu lado vulnerable?

Esta falsedad generalizada está presente incluso cuando sales a cenar en grupo con tus amigos y sus parejas. La búsqueda de aprobación y la evitación del conflicto suelen dar lugar a conversaciones banales e insípidas, durante las que ninguno os atrevéis a expresar lo que realmente pensáis y sentís. Por el contrario, mostráis una cordialidad exagerada, sacando a relucir vuestra mejor cara por medio de sonrisas forzadas y halagos vacíos. Pura fachada. Eso sí, de tanto en tanto se produce un silencio incómodo. Es decir, un instante de desconexión grupal en el que todos tomáis consciencia de que no estáis compartiendo nada sustancial. De pronto, no sabéis de qué más charlar para fingir que os lo estáis pasando bien.

Es entonces cuando, inevitablemente, uno de los comensales comienza a hablar acerca de alguien que los demás conocen, pero que no está presente. Y normalmente esa persona acaba siendo objeto de todo tipo de juicios. Irónicamente, el chismorreo se convierte en la válvula de escape de una velada sin alma, donde criticar a un ausente delata el vacío que gobierna dicho encuentro social. Lo más curioso es que una vez termina la velada, tú mismo hablas con tu pareja en privado acerca de cómo has visto al resto de vuestros amigos. En algunos casos también los juzgas por aquellas cuestiones con las que no estás de acuerdo. Pero no te sientas mal: ellos hacen exactamente lo mismo, criticándote a tus espaldas por aquellos aspectos que no les gustan de ti. El hecho de que tantas personas hablen de los defectos ajenos es porque siempre hay muchas más dispuestas a escucharlas.

DECIR *VERDADES* A LA CARA

Si bien la falsedad es la estrategia comunicativa con más adeptos en la sociedad, hay una minoría de individuos que se revelan, empleando justo la contraria: el «sincericidio». Esta palabra es la combinación de «sinceridad» con «suicidio». Y señala la acción de decir una verdad sin filtros y de manera brutalmente honesta, sin considerar los efectos negativos que puede tener en los demás. Y dado que casi nadie está abierto a confrontar su propia sombra, el sincericidio es una inmolación social que acaba con muchas relaciones.

En el caso de que seas un sincericida, es probable que te sientas moralmente obligado a ir siempre de cara, independientemente de si los demás desean escuchar tu opinión. Y sueles justificar tu desmedida transparencia en que simplemente estás diciendo lo que piensas. Sin embargo, en ningún momento te tomas la molestia de pensar antes lo que dices. Tampoco reparas en si es el momento adecuado para hacerlo. Estás tan convencido de que tu perspectiva es la correcta, que tratas de imponerla indiscriminadamente a quienes te rodean.

Cuando cometes un sincericidio pones de manifiesto tu falta de empatía, sensibilidad y tacto a la hora de expresar tus puntos de vista. Y tiendes a comunicarte así porque consideras que tu franqueza extrema es en sí misma una virtud. Y que, por tanto, no has de pedir disculpas por cómo los demás reciben lo que expresas. Paradójicamente, mientras señalas el ego, la ignorancia y la inconsciencia ajenas no te das cuenta de que actuando de este modo estás manifestando tu propio ego, ignorancia e inconsciencia.

En realidad, el sincericidio es una forma de comunicación violenta que pone de manifiesto una flagrante falta de inteligencia emocional: es arrogancia y crueldad disfrazadas de honestidad. Y junto con la hipocresía representan dos polos opuestos a la hora de relacionarte con los demás. Son el blanco y el negro, ambos expresiones del ego. La comunicación verdaderamente honesta y asertiva se encuentra en un punto intermedio y tiende a ser de color gris. Es el arte de decir lo que piensas en el momento oportuno y de la manera adecuada, sin ofender a nadie y mejorando la calidad del vínculo como resultado.

Cuesta años aprender a usar la sinceridad como una linterna y no como un revólver.

ANÓNIMO

SEGUNDA PARTE

EL AMOR SANA

V

El método más simple para ser feliz

Había una vez un anciano pescador muy gruñón y amargado que llevaba semanas completamente aislado del resto de habitantes del pueblo en el que vivía. Después de muchas discusiones y peleas con muchos de ellos, no quería volver a saber nada del género humano. Había renunciado a cualquier interacción social. Y un buen día salió a navegar con su pequeña embarcación para pescar en alta mar. La brisa era suave y el agua estaba en calma, creando un ambiente de paz que llenaba su corazón. Todo parecía perfecto.

Mientras contemplaba su caña de pescar sumergida bajo el mar, algo lo golpeó bruscamente por detrás, haciéndolo saltar por los aires y cayendo por la borda. Y, al girarse, vio que otro bote había chocado contra el suyo. La ira lo consumió al instante. «¿Cómo es posible que alguien sea tan inútil como para chocar conmigo en medio del océano?», gritó con furia. «¿Será posible que alguien tenga la osadía de arruinar mi día de pesca así? ¡Seas quien seas, en cuanto salga del agua te vas a enterar!».

Al subir nuevamente a su barco, el viejo pescador se dio cuenta de que el otro bote estaba vacío. No había nadie en él. Iba a la deriva, llevado por la corriente. De repente toda su rabia se desvaneció. Se dio cuenta de que no había nadie a quien culpar. Lo que había sucedido no era un ataque personal, sino un accidente sin intencionalidad. Y esta comprensión provocó en él una sonora carcajada. Esa misma tarde regresó al pueblo para volver a socializar con el resto de sus vecinos.[35]

21. El semáforo emocional

Metafóricamente, tu estado de ánimo es como un semáforo con tres colores: verde, naranja y rojo. Cada uno de ellos refleja el grado de conexión o desconexión que tienes contigo mismo y con la vida, con sus correspondientes graduaciones. Este «semáforo emocional»[36] es una herramienta simbólica que te permite identificar en qué estado de consciencia te encuentras en cada momento. Reconocerlo es esencial para aprender a autorregular tus emociones y tomar decisiones que te lleven a vivir cada vez más en paz contigo mismo.

El primer estado es el «verde». Es cuando estás genuinamente conectado con tu verdadera esencia, con esa parte de ti que está en paz simplemente por existir. Fluyes con la vida, como si las cosas encajaran naturalmente sin esfuerzo. Al estar presente y centrado te sientes feliz sin ninguna causa aparente. En este estado estás sano mental y espiritualmente. Y te sientes muy a gusto contigo mismo. Tu cuerpo funciona óptimamente y gozas de mucha energía y vitalidad. Tu mente está tranquila y apenas produce pensamientos. Y cuando lo hace son constructivos. Tu sistema nervioso está relajado. No te tomas nada de lo que sucede de forma personal. Y cuentas con mucha resiliencia, adoptando una actitud positiva y optimista frente a tus circunstancias. Sabes manejar las situaciones sin perturbarte. Te motiva vivir y das gracias por estar vivo. Cuando estás en verde sientes que todo está bien y que no te falta de nada. Confías en ti y en la vida. Y valoras y disfrutas lo que tienes.

El segundo estado es el «naranja». Aquí la relación con tus circunstancias cambia porque el ego empieza a tomar el control, alejándote de tu centro. Y fruto de este descentramiento vas tirando con el piloto automático puesto, de forma mecánica e inconsciente. En este estado estás insano mental y espiritualmente. Experimentas un sufrimiento tolerable. Tu mente está inquieta y no para de generar pensamientos egocéntricos que te hacen sentir que necesitas más, que no tienes suficiente o que te falta algo. Y tu cuerpo somatiza toda esa tensión, estrés y ansiedad, mostrando signos de cansancio y embotamiento. Tu sistema nervioso está desregulado, alterado y en modo lucha o huida. Por eso tiendes a sobrerreaccionar cada vez que las cosas no son como tú quieres que sean. Cuando estás en naranja sientes un enorme vacío en tu interior y tratas de llenarlo compulsivamente mediante la hiperactividad, el consumismo o la evasión. Y te vuelves adicto al victimismo, a la negatividad y al pesimismo.

El tercer estado es el «rojo». Aquí has traspasado tu límite. Es cuando estás tiranizado por el ego, atrapado en la mazmorra más tenebrosa del *yo*. Y como consecuencia malvives enajenado y desconectado de ti mismo. En este estado estás enfermo mental y espiritualmente. Sufres muchísimo y tu malestar es insoportable. Tu mente está secuestrada por bucles de pensamientos obsesivos, compulsivos y destructivos sobre cuestiones que te causan toneladas de angustia. Tu sistema nervioso ha colapsado y tu cuerpo ya no responde. Te sientes apático, paralizado y abatido, con los plomos fundidos. Es un infierno emocional habitar dentro de ti. Cuando estás en rojo piensas que la vida no tiene ningún sentido. No tienes ganas de hacer nada ni de estar con nadie. Eres incapaz de sostenerte emocionalmente a ti mismo. Sientes que no hay esperanza, salida ni escapatoria. Y estás tan desquiciado, deprimido y hundido que, en ocasiones, incluso puede aparecer la idea del suicidio como solución definitiva a tu malestar interior.

Autocuidado y amor propio

La sociedad moderna está inconscientemente diseñada para que te perpetúes en el estado naranja la mayor parte del tiempo, proporcionándote legalmente todo tipo de parches para que lleves una existencia más o menos funcional. Eso sí, cada vez que un acontecimiento traumático azota tu realidad caes de lleno en el estado rojo de forma temporal. Prueba de ello es que en España más de 600.000 personas se cogen anualmente la baja laboral por problemas relacionados con su salud mental, una cifra que crece año tras año.[37]

Debido a la falta de educación emocional y espiritual, muy pocos adultos saben lo que es vivir en verde. De hecho, muchos han olvidado que es posible sentirse realmente bien. Y algunos incluso lo ven como una utopía inalcanzable. Irónicamente, este estado es tu verdadera naturaleza. Y no se trata de algo que debas alcanzar, pues es lo que eres en esencia: emerge de forma natural cuando vives conectado y de forma consciente. De hecho, existe un método —el más simple de todos— para ser feliz y disfrutar de la vida. Se trata de algo tan obvio que la mayoría lo sigue obviando: el «autocuidado», la máxima expresión del amor propio.

El autocuidado consiste en cuidar los cuatro principales *elementos* que componen tu condición humana: el cuerpo, la mente, el sistema nervioso y el espíritu. En otras palabras, es el arte de cultivar una relación saludable contigo mismo, viviendo de tal modo que todos ellos estén bien armonizados. Así es como potencias y preservas el estado verde. Y es que independientemente de cómo sea el decorado de tu vida tu felicidad es directamente proporcional al grado de autocuidado y amor propio que practiques en tu día a día. Se trata de un compromiso vital con tu bienestar a largo plazo. E implica hacerte responsable de tu propio bienestar, sin delegarlo en nadie ni en nada que esté fuera de ti.

La felicidad no aparece sin más.
Hay que entrenarla cada día.

MARCO AURELIO

22. Cuida tu cuerpo

El primer elemento de tu condición humana que has de cuidar a diario para vivir en verde es el «cuerpo». Se trata de tu templo, el lugar en el que habitas y el vehículo que empleas para moverte por la vida. En este caso, el eje central de tu autocuidado ha de centrarse en el fortalecimiento del «sistema inmunológico». Es decir, la red de células, tejidos y órganos internos que te defiende contra bacterias, toxinas y virus externos, posibilitando que tu cuerpo funcione de manera eficiente.[38]

Cuando tu sistema inmunológico está fuerte actúa como un escudo protector, lo que te previene de padecer infecciones, dolencias y enfermedades. También acelera el proceso de curación cuando te lesionas o te enfermas. Tiene una relación directa con tu felicidad, reduciendo la posibilidad de que sufras de estrés, ansiedad o depresión. Y contribuye enormemente a que goces de más energía, vitalidad y salud física, pudiendo afrontar la vida con un estado de ánimo óptimo y una mentalidad mucho más positiva.[39]

En este sentido, existen seis hábitos saludables que solo dependen de ti para cuidar de tu cuerpo y fortalecer tu sistema inmunológico. Si quieres llevar una vida feliz y plena de verdad, es esencial que los incluyas como parte de tu rutina. No integrarlos en tu estilo de vida va en detrimento de tu salud, siendo una de las principales causas de tu malestar. Todo se reduce a tu capacidad para encontrar la manera en vez de seguir justificándote por medio de excusas.

Tu alimentación determina tu bienestar

El primer hábito es «alimentarte conscientemente». Es decir, comer alimentos orgánicos y variados que te proporcionen los nutrientes esenciales que necesitas. Y que favorezcan a que tu microbiota intestinal[40] esté sana y tu sistema digestivo,[41] equilibrado. Al estar conectado con el sistema nervioso, al intestino se le considera «el segundo cerebro». De ahí que la calidad de tu alimentación determine en gran medida tu bienestar emocional.[42] Comer sano es una declaración de amor propio. Para vivir en verde, la mayor parte de tu dieta ha de estar basada en comida real[43] (alimentos naturales sin ningún tipo de procesamiento)[44] y, en menor medida, en buenos procesados,[45] reduciendo al máximo o eliminando por completo los productos ultraprocesados.[46] A su vez, es recomendable que te mantengas hidratado,[47] practiques el ayuno intermitente[48] y tomes probióticos.[49]

El segundo hábito saludable es «practicar ejercicio físico de forma regular». Tu cuerpo está diseñado para moverse. Y cuando no lo haces le estás robando vitalidad a tus músculos, los cuales se van atrofiando lentamente. Hacer deporte fortalece el corazón, mejora la circulación sanguínea, regula el sistema nervioso y reduce la tensión acumulada. A su vez, corrige la postura, aumenta la fuerza, favorece la quema de grasas y libera endorfinas,[50] generándote una sensación natural de bienestar. Para vivir en verde es fundamental que dediques entre 15 y 30 minutos al día a sudar y jadear, ya sea caminando, corriendo, nadando, yendo al gimnasio, bailando o haciendo ejercicios de calistenia,[51] entre otros. A su vez, es muy recomendable que te acostumbres a terminar dichos entrenos duchándote con agua fría, la cual actúa como un analgésico natural para reducir el estrés y despertar tu cuerpo.[52]

El tercero es «dormir y descansar adecuadamente». Es decir, disfrutar de un sueño profundo que te permita recuperarte físicamente y restablecerte energéticamente. Al mismo tiempo posibilita que tu mente procese las experiencias del día, preparándote emocionalmente para los desafíos del día siguiente. Y esto pasa por dormir entre 7 y 9 horas cada noche. Para vivir en verde es fundamental que establezcas una rutina de sueño regular, acostándote y levantándote a la misma hora todos los días. También es muy recomendable cenar temprano y de forma ligera, evitar las pantallas al menos una hora antes de dormir y practicar alguna técnica de relajación momentos antes de acostarse. Todo esto ayuda a sincronizar tu reloj biológico, entrando en un círculo virtuoso de descanso, reparación y renovación. En caso de que tengas insomnio, puedes considerar la melatonina[53] como una opción natural para inducir el sueño.

La naturaleza te recarga las pilas

El cuarto hábito es «pasear por un entorno natural». Del mismo modo que cargas la batería de tu móvil cada día, tu cuerpo necesita recargar las pilas con una dosis diaria de naturaleza. Es el mejor antídoto para combatir el estrés de la vida moderna. Caminar al aire libre —rodeado de árboles y vegetación— aquieta la mente y calma tu sistema nervioso, sumergiéndote en un estado de paz y tranquilidad. Es una invitación a despertar tus sentidos y fundirte con el momento presente. Observar el movimiento sutil de las hojas, escuchar el canto de los pájaros, oler la tierra húmeda tras la lluvia, sentir el suelo bajo tus pies, respirar aire fresco... Estos baños de bosque tienen un efecto reparador y revitalizador. Y más si lo haces durante el día, de manera que estés expuesto a la luz solar durante al menos 20 minutos para nutrirte de vitamina D.[54]

El quinto hábito saludable es «contactar físicamente con otras personas». Algo tan simple como darte un abrazo con un ser querido es muy sano para el corazón. Eso sí, tan solo cuando son prolongados y sentidos con plena presencia, no los típicos abrazos mecánicos con palmaditas en la espalda que sueles dar de forma ajetreada. Para vivir en verde es fundamental dedicar tiempo de calidad para compartir afecto, ternura, besos y caricias de manera regular. Todas estas muestras de cariño liberan oxitocina,[55] la cual potencia tu bienestar emocional. De hecho, abrazarte a ti mismo puede producir el mismo efecto en tu organismo. En esta misma línea, disfrutar de buen sexo favorece tu felicidad. Sobre todo cuando se vive con amor.[56]

Y el sexto es «liberarte de vicios y adicciones». Ingerir azúcar refinado. Tomar café. Fumar tabaco. Beber alcohol. Consumir drogas recreativas como la marihuana, la cocaína o el éxtasis... Todas estas sustancias son tóxicas para tu cuerpo, alteran tu sistema nervioso y suelen adentrarte en un ciclo autodestructivo, desequilibrándote emocionalmente y generándote ansiedad. Si bien te aportan placer a corto plazo, a medio y largo corrompen tu felicidad. Especialmente cuando te vuelves adicto. De ahí la importancia de armarse de valor para atravesar el síndrome de abstinencia y conquistar nuevamente tu libertad. La clave para abandonar un hábito perjudicial para tu salud es centrarte en el beneficio que te aporta soltarlo, comprendiendo que mantenerlo en tu vida te está quitando mucho más de lo que te da.[57]

La salud es la verdadera riqueza.

MAHATMA GANDHI

23. Domestica tu mente

El segundo elemento de tu condición humana que has de cuidar a diario para vivir en verde es la «mente». Se trata de un instrumento muy sofisticado mediante el que interpretas y procesas todo aquello que percibes a través de tus sentidos físicos. Es como una lente a través de la cual ves el mundo: si está sucia, distorsionada o rota tu percepción también lo estará. Y hace de puente entre lo que sucede objetivamente (la realidad) y lo que experimentas subjetivamente, fruto de tu interpretación de la realidad. Lo cierto es que la realidad es siempre neutra; es tu mente la que le da significado, eligiendo cómo percibir lo que acontece. En este caso, el eje central de tu autocuidado ha de centrarse en el manejo consciente de la «autosugestión», entrenando tu mente para pensar de manera positiva y constructiva. Viene a ser como ajustar el dial de una radio, decidiendo a qué frecuencia quieres sintonizar tu existencia.

La autosugestión es el efecto psicosomático que la mente produce sobre tu cuerpo. Cada vez que te identificas y te crees un pensamiento en el plano mental, creas la emoción correspondiente en tu dimensión física. Piensas, sientes y actúas. Éste es el ciclo de la mente que rige tu vida. La causa de tu sufrimiento no se encuentra en tus circunstancias externas, sino en la actitud que adoptas frente a ellas. De ahí la importancia de domesticar tu mente para interpretar lo que te ocurre con sabiduría, dejando de perturbarte a ti mismo cada vez que la realidad no te beneficia o te perjudica.

En este sentido, existen seis hábitos saludables que solo dependen de ti para domesticar tu mente y autosugestionarte de tal forma que puedas preservar tu bienestar y entrenar tu felicidad. No importa si estás atravesando una etapa dolorosa a nivel emocional. Le puedes dar la vuelta a cualquier estado de ánimo en el que te encuentres. Principalmente porque tu cerebro no es un órgano fijo e inmutable; es un músculo que puede moldearse gracias a la «neuroplasticidad». Al igual que tu musculatura se fortalece cuando la entrenas, también se vigorizan las regiones cerebrales que más ejercitas. Cada pensamiento es como un cincel que esculpe las conexiones neuronales en tu cerebro, definiendo la forma en que ves y experimentas el mundo.[58]

No te tomes tu mente tan en serio

El primer hábito es «observar la mente». Vivir en verde pasa por dedicar un espacio diario a practicar la meditación. Es decir, a estar solas contigo mismo, en silencio y poniendo toda tu atención en tu mente. Esta práctica te permite dejar de identificarte con cada pensamiento como si fuera la verdad absoluta. Y a base de practicar cada día, llega un momento en que atestiguas cómo el acto de pensar poco a poco se va desvaneciendo, entrando en un estado muy agradable de paz interior. En caso de no meditar, la mente actúa como una malcriada, campando a sus anchas y haciendo contigo lo que le viene en gana. Meditar es como domar un caballo salvaje: con paciencia y perseverancia, el animal indomable se vuelve dócil. Puedes empezar por meditar un minuto al día e ir subiendo hasta llegar a 30 minutos diarios, 15 nada más despertarte y otros 15 antes de irte a dormir.

El segundo hábito saludable es «cuestionar tus pensamientos». Todo el contenido de tu mente es ilusorio. Es producto de tu fértil imaginación. Tus pensamientos no son hechos; son interpretaciones. No te los tomes tan en serio. Especialmente cuando te lleven hacia la perturbación. Recuerda que es una fábrica de historias ficticias. Es como un narrador incansable que nunca se calla; el truco está en recordar que no todo lo que cuenta es verdad. Cada vez que te sorprendas pensando en negativo hazte una simple pregunta: «¿Para qué me sirve este pensamiento?». En caso de no proporcionarte información útil, deséchalo inmediatamente. No dudes de que se trata de otra artimaña del ego para secuestrar tu atención. Y enseguida redirecciona tu mirada hacia algo más positivo y constructivo. Contrariamente a lo que se cree, se requiere de mucha fortaleza mental para dejar de pensar en negativo.

El tercero es «evitar la rumiación». Es decir, el patrón compulsivo de darle vueltas una y otra vez a las cosas, sin llegar nunca a una resolución práctica. Es como estar dentro de una lavadora mental, donde los mismos pensamientos giran y giran sin parar. Al quedar atrapado en estos bucles mentales, con el tiempo tiendes a sumergirte en un lodazal de ansiedad y preocupación. Lo irónico es que llega un momento en que pensar tanto en tus problemas se convierte en tu verdadero problema. Rumiando solo creas tormentas en tu mente, aunque afuera haga sol. La mejor manera de salir de esta espiral tan autodestructiva es centrarte en la solución y actuar en consecuencia. Y, en caso de no haberla, la clave está en soltar la necesidad de controlar el desenlace, aceptar la incertidumbre y confiar en que todo se resolverá a su debido tiempo. De hecho, el 90 por ciento de las veces es exactamente lo que termina sucediendo.

Suelta el látigo

El cuarto hábito es «educar tu mente». Es decir, el acto intencionado de introducir en ella información veraz y conocimiento de calidad. Si alimentas tu mente con basura, no te sorprendas si produce pensamientos tóxicos que envenenan tu bienestar. Para vivir en verde es básico que nutras tu mente con sabiduría. Tu mente es como un *software*: si el código que le introduces está mal escrito, el programa dará errores. Una manera muy eficaz de hacerlo es mediante la formación continuada, abriendo y expandiendo tu mente a nuevas posibilidades más satisfactorias de las que ahora mismo estás contemplando. Y otra es empleando la lectura y las afirmaciones positivas para modificar tu sistema de creencias y, por ende, tu forma de pensar. Recuerda que tu mente es como un jardín: lo que siembres en ella tarde o temprano florecerá.[59]

El quinto hábito saludable es «tratarte con amor». Tu diálogo interno tiene un papel fundamental en la construcción de tu bienestar. Cultivar la autocompasión es esencial para ser feliz. Y consiste en relacionarte contigo mismo con comprensión, empatía y amabilidad cada vez que te equivocas o cosechas un resultado insatisfactorio. No es indulgencia ni conformismo, sino aprender a sostenerte emocionalmente cuando fallas. Vencerle la batalla interior al ego pasa por soltar el látigo con el que sueles azotarte mediante juicios, reproches, culpas, críticas y remordimientos por todo aquello que crees que deberías o no deberías de haber hecho. Para vivir en verde es fundamental que te apoyes y te hables a ti mismo con respeto y dignidad —incluso cuando creas que no lo mereces—, pues es precisamente cuando más lo necesitas. Es una invitación a dejar de ser tu peor juez para convertirte en tu mejor aliado. Además, la manera en la que te tratas termina reflejándose en la forma en la que te trata la vida.

Y el sexto es «practicar la gratitud». Domesticar la mente pasa también por dejar de victimizarte y quejarte cada vez que las cosas no salen como a ti te gustaría. Tu bienestar emocional depende de que abandones tu adicción a la negatividad y al malhumor. Y para lograrlo nada mejor que valorar y dar gracias al menos una vez al día. Cultivar diariamente el agradecimiento consciente y genuino es esencial para vivir en verde. Cuando agradeces estás reconociendo la belleza de lo que ya es, en lugar de lamentar lo que podría haber sido o quejarte por lo que debería ser. Y ya de paso, también agradece cada vez que estés en este color. Es una ley matemática del universo: aquello de lo que te quejas lo terminas perdiendo, mientras que lo que valoras y agradeces crece y se expande.[60] Ahora mismo tienes más de mil razones para sentirte agradecido. Si no las ves, es que llevas puesta una lente equivocada.

No hay mayor felicidad en esta vida
que sentarse a observar la mente en silencio.

SRI RAMANA MAHARSHI

24. Regula tu sistema nervioso

El tercer elemento de tu condición humana que has de cuidar a diario para vivir en verde es el «sistema nervioso». Se trata de una red compleja de nervios que conecta tu cerebro con cada rincón de tu cuerpo, enviando señales que regulan desde tus movimientos físicos hasta tus respuestas emocionales. De hecho, gracias a él[61] tus órganos operan de forma autónoma y muchas de las funciones vitales que posibilitan tu supervivencia se llevan a cabo de manera automática. Los latidos de tu corazón. La respiración. La circulación de la sangre. La digestión. El pestañeo. La producción de saliva y lágrimas... Todo ello ocurre sin que tú hagas nada al respecto. Afortunadamente tu cuerpo está diseñado para sobrevivir sin necesidad de que exista una dirección consciente. En caso contrario ya estarías muerto.[62]

Este sofisticado entramado de nervios se divide en dos partes: por un lado, está el «sistema nervioso simpático», el cual se activa cuando te enfrentas a situaciones que ponen en peligro tu supervivencia o que sientes como una amenaza a nivel emocional. Es entonces cuando entras en modo lucha o huida, llevándote a padecer estrés y ansiedad y arrastrándote a malvivir en los estados naranja y rojo. Por otro lado, está el «sistema nervioso parasimpático», que favorece los procesos de reparación, regeneración y descanso que necesita tu cuerpo para estar en armonía y funcionar óptimamente. En última instancia es lo que te posibilita vivir en verde, sintiéndote conectado y relajado.[63]

En este caso el eje central de tu autocuidado ha de centrarse en la activación del «nervio vago», el más largo de todo tu cuerpo. Se extiende desde el cerebro hasta los órganos vitales del abdomen, como el corazón, los pulmones y el estómago. Este nervio es crucial para tu bienestar porque regula el sistema parasimpático. Cuando está activo es como si pulsaras «el botón de la calma», contribuyendo a que —independientemente de cómo sea el decorado de tu vida— sientas una agradable sensación de felicidad, paz y amor. De alguna manera actúa como un amortiguador natural, permitiéndote mantener la serenidad incluso en situaciones difíciles y adversas.[64] En este sentido, existen seis hábitos saludables que solo dependen de ti para activar tu nervio vago y regular tu sistema nervioso.

Más serotonina y menos cortisol

El primer hábito es «respirar conscientemente». Respirar de forma lenta, profunda e intencionada es la forma más rápida y directa de relajar tu cuerpo, calmar tu mente y conectar con tu espíritu. O dicho de otra manera de segregar serotonina[65] y reducir el cortisol.[66] Es muy recomendable que a lo largo de tu día hagas tres «pausas conscientes». Éstas consisten en detener tu actividad momentáneamente para llevar a cabo este sencillo ejercicio: inhalar por la nariz 10 segundos, mantener el aire 10 segundos y exhalar por la boca otros 10 segundos, repitiendo este proceso 3 veces. En total te llevará 90 segundos. Sin embargo, notarás un sutil cambio en tu estado de ánimo. La respiración consciente es tu mejor aliada para ser feliz, pues te ancla al instante presente.

El segundo hábito saludable es «hacer yoga». Se trata de una práctica milenaria originaria de la India que combina posturas físicas, técnicas de respiración y meditación para promover tu equilibrio interior. Existen muchos estilos diferentes de yoga, algunos más físicos y activos y otros más centrados en la relajación y la atención plena (*mindfulness*). Sea cual sea el que elijas, todos ellos son especialmente eficaces para reducir el estrés y la ansiedad, volviéndose un bálsamo para tu sistema nervioso. Para notar cambios profundos lo recomendable es hacer dos sesiones a la semana. En esta misma línea también puedes probar pilates o taichí.

El tercero es «alternar entre agua fría y calor». Cada vez más gimnasios están integrando pequeñas zonas de spa, las cuales suelen incluir duchas o bañeras de agua fría, saunas y baños turcos. Esto se debe a que la exposición a este contraste de temperaturas tiene muchos beneficios para la salud.[67] La alternancia entre frío y calor fortalece el sistema inmunológico, regula el sistema nervioso, promueve la relajación, aumenta la energía vital y mejora el estado de ánimo. En caso de que puedas, dedica cada día unos 20 minutos a ir alternando entre ambos estados. Enseguida te sentirás muchísimo mejor.[68]

El exceso de pantallas aumenta tu neurosis

El cuarto hábito es «abrazar el minimalismo digital». Es muy posible que seas adicto al móvil sin saberlo. En general recurres a él porque tu realidad analógica te parece poco interesante y estimulante. Sin embargo, el chute de dopamina[69] que te reporta te acaba pasando factura en forma de insatisfacción y malestar. Pasar muchas horas al día mirando a una pantalla genera «fatiga digital»: te cansa físicamente y te embota mentalmente, drenando tu energía vital. Y dicho agotamiento te va desconectando poco a poco de ti mismo. De hecho, provoca que te identifiques todavía más con la mente y el ego, aumentando tu nivel de neurosis. De ahí la importancia de ser consciente de por qué y para qué usas la tecnología, limitando voluntariamente el tiempo que pasas delante de una pantalla. ¿Utilizas la tecnología o ésta te está usando a ti?[70]

El quinto hábito saludable es «tomar suplementos e infusiones». Los suplementos son extractos de plantas, vitaminas y minerales que se toman en forma de cápsulas o polvos para mejorar la salud física y mental. Los más recomendables para reducir el estrés y calmar tu cuerpo son los de Ashwagandha, L-teanina y magnesio.[71] Por su parte, las infusiones son bebidas hechas de plantas, hierbas o flores que poseen propiedades sedantes y relajantes. Se utilizan desde la antigüedad para tratar la ansiedad, el insomnio y para promover el bienestar general. Las tres más apropiadas para regular el sistema nervioso son la valeriana, la manzanilla y la tila.[72] Incorporarlas en tu rutina diaria contribuirá a que estés más tranquilo y vivas más relajado.

Y el sexto es entrenar la «autorregulación emocional». Es decir, la capacidad de gestionar tus emociones de manera consciente, responsable y efectiva, en lugar de reaccionar impulsivamente frente a situaciones que detonan tu estrés y ansiedad. Para lograrlo, es fundamental que adquieras el hábito de identificar en qué estado emocional te encuentras (verde, naranja o rojo), de manera que sepas cómo regularte para no sucumbir a las pulsiones neuróticas del ego. Tu mayor reto es mantenerte conectado a tu cuerpo para percibir las señales que te envía. Cuando tu respiración se acelera, tu pecho se aprieta o sientes tensión en la musculatura, es bastante probable que tu sistema nervioso simpático se esté activando, lo que implica que estás entrando en el estado naranja. Cuanto antes sepas qué te está pasando, más fácil te será revertir la situación de forma proactiva, volviendo al verde cuanto antes sin que tus emociones escalen.

*La verdadera relajación deviene
cuando comprendes que nada está bajo tu control.*

WILLIGIS JÄGGER

25. Conecta con tu espíritu

El cuarto elemento que has de cuidar a diario para vivir en verde es el «espíritu». Es la dimensión intangible, invisible e inmaterial de tu condición humana: tu verdadera naturaleza. La que queda tras pelar las capas y capas de la cebolla psicológica sobre la que has construido tu personalidad. Y la que dota de propósito, significado y trascendencia a tu existencia. En este caso el eje central de tu autocuidado ha de centrarse en el cultivo de la «espiritualidad». Es decir, la conexión directa con tu auténtica esencia, la cual te permite experimentar una sensación de unidad con la vida, el universo, Dios o como prefieras llamarlo. Si bien este tipo experiencias suelen ser pasajeras y efímeras, son profundamente sanadoras, transformadoras y liberadoras. Y dejan siempre una huella imborrable en la memoria de tu corazón.[73]

Cabe señalar que la espiritualidad es esencialmente laica. Es decir, libre de cualquier fe, corriente, dogma o corsé religioso. No es patrimonio del judaísmo, del cristianismo o del islam. Ni tampoco de filosofías orientales como el hinduismo, el budismo, el taoísmo ni de ningún otro «-ismo». ¿Cómo podría, si es lo que verdaderamente eres? De hecho, la espiritualidad no tiene nada que ver con ninguna creencia. Ni tampoco con ninguna ideología racional o conceptual. Para vivenciarla no necesitas de intermediarios. Accedes a ella a través de tu propia experiencia.[74]

La espiritualidad laica está vinculada filosóficamente con el «misticismo». Es decir, cualquier camino de autoconocimiento o práctica espiritual que te posibilita —de forma temporal— desidentificarte de la mente y trascender el ego. Y como consecuencia reconectar con el ser esencial, dejar de sentirte un *yo* separado de la realidad y volverte *uno* con la vida. A su vez, también está relacionada con el «panteísmo», que en griego significa «Dios es todo y todo es Dios». Como resultado de cultivar tu vida interior, tarde o temprano verificas empíricamente que Dios es el universo. Y es que no hay separación entre tú y la vida. Esencialmente sois lo mismo. Y esta toma de consciencia cambia por completo tu forma de entender y de relacionarte con la existencia.[75] En este sentido, existen seis hábitos saludables que solo dependen de ti para cultivar la espiritualidad.

El silencio terapéutico

El primer hábito es «meditar». Dedicar un rato cada día a estar a solas, sin ruidos ni distracciones es muy terapéutico: provoca que la mente, el ego y el lenguaje vayan disolviéndose. A base de practicar llega un momento en que no queda nada ni nadie. Muy pocas *cosas* sobreviven al silencio. Todos los pensamientos e historias mentales se evaporan. Y todas las emociones y estados de ánimo se depuran. Solo entonces emerge nítidamente lo único verdaderamente real: el ser esencial, el cual se manifiesta en forma de consciencia, presencia y dicha. Ésta es la razón por la que la meditación es la medicina del alma. Para vivir en verde es fundamental que te sumerjas en el silencio un ratito cada día. Mientras sigas atrapado en la cárcel mental —prisionero de tus pensamientos— te será imposible reconectar con tu dimensión espiritual.

El segundo hábito saludable es «practicar la atención plena (*mindfulness*)». Se trata de un estado de alerta y vigilancia que deviene de forma natural cuando vives despierto y consciente. Viene a ser el principal fruto de la meditación. Y consiste en darte cuenta de que no eres la mente ni los pensamientos, sino la consciencia-testigo que es capaz de observarlos *desde fuera*. Esta revelación te permite pillar *infraganti* pensamientos potencialmente perturbadores antes de que te los creas. Vigilarte con diligencia es uno de los grandes secretos del trabajo interior. Así es como poco a poco vas descubriendo los patrones automáticos e inconscientes de tu personalidad, siendo cada vez más libre de ellos. La principal consecuencia es que cada vez te perturbas menos a ti mismo.

El tercero es «ejercitar la autoindagación». Mientras estás identificado con el ego tu relato mental te cuenta cosas como «*yo* estoy leyendo este libro», «*yo* estoy comprometido con mi desarrollo personal», «*yo* debería meditar más»... Si bien el ego cree que es libre de hacer lo que le dé la gana, la verdadera libertad consiste en ser libre del ego. Y esto pasa por cuestionar cada pensamiento egoico que te venga a la cabeza. E indagar acerca de su origen. *¿Quién* es el que está constantemente pensando? El *yo*. Y eso es precisamente lo que no eres. La identificación con el ego —y su correspondiente encarcelamiento mental— es lo único que te separa de tu esencia. Ser consciente de ello es el principio de la liberación.[76]

Meditación del amor bondadoso

El cuarto hábito es «cultivar la compasión». Es decir, comprender que todo el mundo lo hace lo mejor que sabe en base a su nivel de consciencia. Que no existen personas malvadas, sino inconscientes, traumatizadas y trastornadas. Y que los individuos más egocéntricos y conflictivos son también los que más sufren. Es muy recomendable que practiques de vez en cuando «la meditación del amor bondadoso».[77] Consiste en desear genuinamente que todos los seres humanos encuentren la paz en su corazón, cultivando así una serie de cualidades esenciales que favorecen tu bienestar espiritual. Primero te visualizas a ti mismo llenándote de amor y sintiéndote feliz (autocompasión). Luego extrapolas esta misma visión y sentimiento hacia un ser querido (agradecimiento). Luego hacia un conocido (generosidad). Luego hacia alguien con quien estés en conflicto (perdón). Y por último hacia la humanidad entera (unidad).

El quinto hábito saludable es «vivir con vocación de servicio», encontrando la manera de ser útil para los demás. Ya puede ser mediante una actividad de voluntariado. A través de una profesión con impacto social. O simplemente poniéndole intención para que tu actitud contribuya a mejorar la vida de quienes te rodean. Sea lo que sea, vivir en verde pasa por conectar —en la medida de lo posible— con una motivación intrínseca y trascendente. Dedicar parte de tu tiempo a hacer cosas que disfrutas haciendo y que son beneficiosas para otras personas dota tu existencia de dirección y significado. Este propósito no tiene que ser algo grandioso. El reto es que hagas algo con tu vida que te permita levantarte cada mañana con ilusión y motivación. *Querer vivir*, ése es el verdadero secreto de la salud y la longevidad.

Y el sexto es «abrazar el cambio». La vida tiene una forma muy directa de guiarte hacia tu esencia: a través de la dicha y el sufrimiento. Cuando estás a gusto y sientes bienestar en algún ámbito quiere decir que vas bien encaminado. Por el contrario, cuando experimentas malestar o cosechas algún bloqueo o conflicto, significa que te has desviado. Es entonces cuando has de cuestionar tu forma de pensar, salir de tu zona de comodidad y emprender algún cambio, por más farragoso o doloroso que sea a corto plazo. Tu felicidad pasa por atreverte a evolucionar, soltando aquello que ya no te corresponde para tu desarrollo espiritual, ya sea una relación, un empleo, un hábito o una creencia. De ahí la importancia de tomar las riendas de tu vida, diseñar un plan de acción y comprometerte con cambiar aquello que no funciona. O creces o te marchitas. Tú eliges.

Sin espiritualidad, la vida se convierte
en un desierto vacío de significado.

CARL GUSTAV JUNG

VI

Cómo lidiar con personas descentradas

Suele contarse que Siddharta Gautama «Buda» fue el ser humano más despierto de su época. Nadie como él comprendió el sufrimiento humano ni desarrolló tanto la sabiduría y la compasión. Se dice que entre sus primos se encontraba el perverso Devadatta, el cual sentía tanta envidia y celos del maestro que estaba empeñado en desacreditarlo, deseando incluso su muerte.

Cierto día Buda iba paseando tranquilamente acompañado por algunos de sus discípulos. Y de pronto, sin venir a cuento, Devadatta apareció bruscamente de entre la maleza, lanzándole por la espalda una piedra a la cabeza que a punto estuvo de herirlo de gravedad. Atento e impasible, Buda cruzó la mirada con él y continuó su camino como si no hubiera pasado nada.

Días más tarde, paseando por el mismo sendero, Buda se cruzó cara a cara con su primo. Y nada más verlo lo saludó con amabilidad. Sorprendido, Devadatta le dijo: «¡El otro día intenté matarte! ¿Cómo puede ser que no estés enfadado conmigo?». Y Buda, sin perder la sonrisa, le respondió: «Porque ni tú eres ya el que arrojó la piedra ni yo soy ya el que estaba allí cuando ésta fue arrojada. Para el que sabe ver, todo es transitorio; para el que sabe amar, todo es perdonable».[78]

26. Espejos andantes

Más allá de cuidarte a ti mismo, para ser feliz y vivir en verde también es fundamental que aprendas a relacionarte sabiamente con los demás. Idealmente sería maravilloso que solamente te rodearas de individuos conscientes, felices y amorosos con quienes mantener vínculos plenamente satisfactorios. Sin embargo, la realidad es muy distinta: en demasiadas ocasiones tienes que lidiar con un colectivo en auge en nuestra sociedad: «las personas descentradas». Es decir, seres humanos excesivamente identificados con el ego, atrapados en sus neurosis mentales, gobernados por emociones reactivas y presos de comportamientos disfuncionales que los condenan a malvivir en los estados naranja y rojo.

Seguro que ahora mismo te está viniendo a la mente esa persona en concreto que te hizo tanto daño y a la que le sigues guardando rencor. Y es probable que utilices las etiquetas «difícil», «complicada», «tóxica» o «narcisista» para describir su personalidad. Razones no te deben faltar. Vete tú a saber cómo se comportó contigo... Si bien tienes todo el derecho del mundo a seguir regodeándote en el victimismo, el juicio o el drama, actuando de esta forma solo conseguirás engordar el ego y perpetuar tu sufrimiento. Y por más que intentes poner tierra de por medio a menos que te comprometas con tu trabajo interior seguirás atrayendo a este tipo de personas una y otra vez, cosechando desencuentros y perturbaciones similares.

A la hora de lidiar con este tipo de individuos es esencial

que empieces a verlos como lo que en realidad son: «espejos andantes». Y no es una metáfora. Es literal. Ahí afuera solo estás tú. Todo lo que ves en los demás te está reflejando lo que llevas dentro. Y todo lo que piensas de los otros es una proyección de tu mundo interior. Parece que «los otros» son algo que está fuera y disociado de ti, pero dicha separatividad es una ilusión cognitiva.

No te pelees con el espejo

Por más que te cueste reconocerlo, las personas descentradas que hay ahora mismo en tu vida son un reflejo de tus heridas no sanadas y una proyección de tus conflictos no resueltos. ¿Acaso tú no te descentras en ocasiones? De hecho, seguramente para otros tú seas la persona descentrada... Sea como fuere, la manera más inteligente para que estos individuos desaparezcan de tu realidad es aprovecharlos como herramientas para tu sanación psicológica y tu crecimiento espiritual. No hay otra fórmula.

Cuando te miras en un espejo ves cosas de ti que si no fuese por él pasarían desapercibidas. Y si observas algo que te desagrada —como una mancha en tu camisa— en ningún caso te enfadas con el espejo. Tampoco lo juzgas ni lo insultas por mostrártela. Simplemente te dedicas a limpiar la camisa, pues sabes que es la única forma de quitar la mancha. Del mismo modo, gracias a los espejos andantes que deambulan por tu vida puedes ver aspectos de ti mismo que de otra forma te sería imposible de identificar. A nivel emocional, todos ellos te reflejan heridas que tú ya tienes pero que ahora mismo desconoces.[79]

Según «la ley del espejo»,[80] lo que te molesta de los demás te está señalando una sombra pendiente de iluminar en tu interior. Es decir, algún rasgo oscuro de tu personalidad que inconscientemente rechazas por ser demasiado doloroso de aceptar. Si bien desde la ignorancia sueles pelearte con estos espejos, la sabiduría consiste en aprovechar los vislumbres que te dan para tu propia transformación.

ESPEJOS DIRECTOS Y OPUESTOS

Por un lado, existen los «espejos directos», los cuales te reflejan exactamente lo que llevas dentro. En este caso, lo que te perturba de otra persona es algo que también está presente en ti pero que todavía no has hecho consciente. Por ejemplo, si te ofende que alguien sea demasiado exigente y perfeccionista, tal vez te esté mostrando lo duro que eres contigo mismo y lo mucho que te juzgas internamente. Es una invitación para aceptarte a ti mismo y sanar la herida de insuficiencia que te acompaña desde tu infancia.

Por otro lado, están los «espejos opuestos», los cuales te muestran aspectos contrarios a lo que estás encarnando y manifestando. En este caso, lo que te incomoda del otro es algo opuesto a lo que tú necesitas equilibrar. Por ejemplo, si te saca de quicio que alguien tenga éxito siendo auténtico, es muy probable que esté reflejando tu miedo a exponerte, brillar y ser tú mismo. Es una invitación para valorarte y sanar la herida de desvaloración que arrastras desde que eras un niño pequeño.

En última instancia, tus relaciones son una maravillosa oportunidad para cuestionar creencias limitantes, sanar traumas de infancia e iluminar tu lado más oscuro. Los conflictos que mantienes con los demás te permiten darte cuenta del contenido psíquico que almacenas en tu subconsciente. Contrariamente a lo que sueles pensar, el exterior nunca es la causa de tu sufrimiento; es el efecto de lo que albergas en tu interior. Las demás personas nunca te han dañado o beneficiado. Tú te dañas y beneficias a través de ellas. En vez de verlas como agresoras o benefactoras, abrázalas como maestras. Y si bien a veces es necesario poner distancia comprométete a aprender de ellas, aunque sea desde lejos. Cuanto más grande sea el conflicto o la perturbación que experimentes a través de alguien, mayor será también la revelación y liberación que obtendrás gracias a esa interacción.

Cuando comprendes que toda opinión es una visión cargada de historia personal, empiezas a comprender que todo juicio es una confesión.

NIKOLA TESLA

27. Marionetas del trauma

Para vivir en verde en el actual manicomio social —tan poblado de personas descentradas— es absolutamente imprescindible que cultives tres cualidades esenciales: la empatía, la compasión y el perdón. Y para lograrlo has de vivir de forma consciente momentos de autotrascendencia del propio ego. Es decir, dejar de pensar en ti —en tus necesidades, deseos y expectativas egocéntricos— para poder ver al otro y actuar de acuerdo a los dictados de tu ser esencial.

Si bien parece que es un favor que haces a los demás, en realidad es un regalo que te das a ti mismo. Más que nada porque cada una de estas virtudes te revela una verdad universal acerca de cómo funcionan las relaciones humanas. Y cada una de estas revelaciones representa un peldaño en la ascensión hacia la cima de la «inteligencia espiritual», la cual te permite vivir verdaderamente en paz. Se trata de la capacidad de percibir a los demás como parte de ti mismo, trascendiendo las apariencias superficiales para verlos más allá de sus corazas y máscaras egoicas. Y de comprehender que todos estamos inmersos en nuestro propio viaje evolutivo, aunque muchos todavía no se hayan dado cuenta.

Sea como fuere, la inteligencia espiritual te capacita para relacionarte con personas descentradas con «mano izquierda», actuando con tacto, respeto y sensibilidad en situaciones delicadas. Este talento también implica saber gestionar las emociones —tanto las tuyas como las de los demás— de forma efectiva. Y es fundamental para manejar conflictos de forma pacífica, evitando así generar más confrontación y perturbación. Y hacerlo de tal forma que no te dejes pisotear por el ego ajeno.

CADA LOCO CON SU TEMA

El primer peldaño es la «empatía»: la capacidad de ponerte en el lugar del ser humano que tienes delante de ti, tratando de comprender lo que éste piensa y siente desde su perspectiva. Implica abrir tu campo de visión para no ver una situación solamente desde tu punto de vista. De alguna manera, te permite *intercambiarte* momentáneamente con el otro, en vez de centrarte únicamente en ti mismo. La empatía es lo opuesto al narcisismo, que es precisamente lo que mantiene mentalmente encarceladas a las personas descentradas. Te saca del *yo*, haciendo de puente para llevarte al *nosotros*. Y es que solo desde *ahí* encuentras la manera de actuar en beneficio de ambos.

Cultivar conscientemente la empatía te lleva a limar el ego, reduciendo considerablemente su tamaño e influencia. A su vez, te dota de una mayor sabiduría, posibilitando que tu visión se expanda. Es entonces cuando verificas empíricamente la primera verdad universal que rige las relaciones humanas: «todos los seres humanos sufren algún tipo de trauma». Todos sin excepción. Nadie logra entrar en la edad adulta sin arrastrar alguna herida emocional. Tú tampoco. Lo más probable es que también hayas tenido una infancia de hojalata, carente del amor necesario para crecer con una sana autoestima.

Solo el hecho de pertenecer a la especie humana ya implica que tienes imperfecciones o taras. Desde una perspectiva mundana eres imperfecto y estás tarado. Ésta es la razón por la que sueles vivir medio ido, perdido en tus preocupaciones y obsesiones mentales. A eso se refiere precisamente la expresión «cada loco con su tema». Pues bien, en el caso de las personas descentradas, esta locura acaba degenerando en trastornos de la personalidad,[81] muchos de los cuales surgen de la combinación entre predisposición genética e infancias marcadas por distintos tipos de abuso físico o maltrato psicológico... Recordar que están traumadas es el primer paso para cambiar tu forma de relacionarte con ellas. Al igual que tú, están transitando su propio camino hacia la sanación. Su principal problema es que, por no confrontar su dolor, terminan creando una vida de sufrimiento. Son marionetas del trauma.

Antes de juzgar a un ser humano
camina varios kilómetros con sus zapatos.

BILLY CONNOLLY

28. Los errores no existen

El segundo peldaño en la ascensión hacia la cima de la «inteligencia espiritual» es la «compasión». Una vez has salido de ti y *entrado* en el otro, esta habilidad te lleva a ver la ignorancia, el miedo y el dolor que hay detrás de las personas descentradas. Solo así puedes comprehender la raíz desde la que surgen sus actitudes egocéntricas frente a la vida, así como el resto de decisiones neuróticas y conductas disfuncionales que llevan a cabo en su día a día. La compasión es lo contrario al juicio. Al ver la batalla que estos seres humanos están librando en su interior, se te quitan las ganas de criticarlos y demonizarlos. Así es como dejas de tomarte el comportamiento de los demás como algo personal, despertando en ti un sincero afán de aligerar su sufrimiento para que se sientan un poco mejor.

La compasión te limpia la vista y te permite mirar con rayos X, viendo con más profundidad lo que acontece frente a ti. Te hace comprender que las personas descentradas son las que más sufren. El ego las tiene totalmente hipnotizadas con relatos mentales negativos y destructivos que las mantienen esclavas de su victimismo, hiperreactividad y perturbación. Están tan cegadas por su amargura que no son capaces de ver a nadie más que a sí mismas. Es como si permanentemente padecieran un agudo dolor de muelas, el cual las incapacita para pensar en otra cosa. Y es que nunca estás más lleno de ti mismo como cuando sufres. Solamente la verdadera felicidad te permite desprenderte de ti. Mientras que el sufrimiento te ata al ego, ser feliz te libera de él.

Más allá de los juicios egoicos, la compasión te revela que todo el mundo lo hace lo mejor que sabe en base a su nivel de consciencia, su estado emocional y su grado de comprensión. Piénsalo bien. Naces con una genética que no elijes, la cual determina los principales rasgos de tu carácter. A partir de ahí vas siendo condicionado por un entorno social y familiar que te programa para pensar y comportarte de una determinada manera, algo que tampoco escoges. La suma de estos dos factores —genética y programación— configura tu «*software* psicológico», también llamado «subconsciente», que es desde donde surgen tus pensamientos automáticos y reacciones impulsivas frente a las cosas que te van pasando. Por más que el ego te haga creer que eres libre, la verdad es que funcionamos de una manera más mecánica de lo que nos gusta admitir.

Desmoralizar el error

En última instancia, ninguno de nosotros es realmente dueño de sus actitudes, decisiones y conductas. Éstas se despliegan a través de nosotros. Cada individuo está manifestando en todo momento lo mejor de lo que es capaz en base a su genética y programación, factores que escapan por completo a su control. Cuando juzgas moralmente a alguien por su comportamiento, partes de la creencia limitante de que el otro podría —o debería— haber actuado de una manera distinta a como actuó. Sin embargo, esto no es cierto. *A posteriori* siempre es muy fácil afirmar lo que se hubiera podido hacer diferente. Esto se debe a la experiencia y al aprendizaje derivados de la manera en la que los hechos sucedieron, precisamente gracias a que sucedieron justo de ese modo y no de otro. Pero en aquel momento era del todo imposible haber actuado de otra forma. Más que nada porque si no, se hubiera actuado de *esa* manera.

Cultivar conscientemente la compasión te lleva a comprehender la segunda verdad universal acerca de las relaciones humanas: «los errores no existen». Todo el rato está sucediendo lo que tiene que suceder de la forma en la que tiene que suceder. Es tu mente —tan manchada de moral— la que juzga que los hechos deberían de ser diferentes. Y, por tanto, se inventa el concepto «error» para moralizar ciertos resultados que consideras que no deberías haber cosechado por no estar alineados con las expectativas egocéntricas que te habías montado en tu cabeza. Es entonces cuando aparece la culpa. Por un lado, hacia fuera, culpando a otros por lo que crees que no deberían haber hecho. Y, por el otro, hacia dentro, culpándote a ti por el mismo motivo. Sin embargo, por más que castigues a los demás o te tortures a ti mismo, la realidad sigue siendo la que es. Tu reacción neurótica tan solo sirve para agregar drama y sufrimiento.

Para el que sabe ver, un error es, en realidad, un hecho neutro y necesario para la evolución de quien lo ha cometido y de aquellos a quienes ha afectado. En el fondo es una oportunidad de aprendizaje y de crecimiento para todos los implicados. De ahí la importancia de dejar de moralizarlos. Por más que al ego le agreda escucharlo, tú siempre has hecho lo *correcto*. Es decir, la mejor acción posible en ese momento. Actuaste de acuerdo con tu nivel de consciencia de aquel tiempo. Si hubieras estado más despierto hubieras obrado de otra manera. Tus equivocaciones pasadas te permitieron darte cuenta de que ésa no es la forma en la que quieres seguir actuando en el presente, pudiendo así construir un futuro más satisfactorio. Y dicho aprendizaje es imposible que hubiese sucedido si no fuera gracias a tus errores. Hoy eres quien eres gracias a todo lo que has aprendido de tus equivocaciones.[82]

La verdadera compasión nace del profundo entendimiento que todos los seres humanos están desplegando a través suyo, es el resultado de su genética y programación. Y, por tanto, los actos que manifiestan a lo largo de su existencia no podrían ser de otra forma a cómo se produjeron en un momento dado. Si bien en el plano mundano las decisiones que toma tienen consecuencias, desde una perspectiva espiritual se le libera de ser condenado moralmente por lo que escogió. Esencialmente porque es imposible que con el tipo de personalidad con el que nació y el condicionamiento que recibió pudiera haber hecho algo diferente a como lo hizo. Y esto también se aplica a ti. De ahí la importancia de empezar por ser compasivo contigo mismo.

No juzgues el dolor que no has sentido;

no critiques la batalla que no has peleado.

MADRE TERESA DE CALCUTA

29. El perdón radical

El tercer peldaño en la ascensión hacia la cima de la «inteligencia espiritual» es el «perdón». Sea lo que fuera lo que ocurrió en el pasado, esta virtud te permite liberarte de la culpabilidad y el rencor en el presente. Perdonar requiere de mucha fortaleza porque implica renunciar al papel de víctima al que tanto apego tiene el ego. Es la herramienta más eficaz para purificar tu corazón del veneno de la ira y del fuego de la venganza. Y es un acto completamente interno. El otro no tiene por qué enterarse.

Cuando perdonas a alguien por *lo que te hizo*, en realidad te estás haciendo un favor a ti mismo. En esencia, perdonar significa dejar de aferrarse al dolor por lo sucedido para volver a ser emocionalmente libre de esa persona. Es la llave de tu liberación y la herramienta más útil para restaurar tu paz interior. Y es que es incompatible vivir con resentimiento y ser feliz. Tarde o temprano tienes que elegir.

Y no te dejes engañar por el odio del ego. Si aprendes a vivir con empatía descubrirás que todo es perdonable. Y que el perdón genuino es radical. La única razón por la que sigues peleado con alguien es porque tus juicios te impiden mirarlo con compasión.

Perdonar de verdad requiere de mucho discernimiento: implica separar el grano de la paja. Es decir, diferenciar entre los hechos objetivos y las interpretaciones subjetivas que construiste inconscientemente sobre ellos. Cuanto más fuerte es el ego, mayor es también la tergiversación de tus recuerdos. Y, evidentemente, tu *yo* siempre barre para casa, convirtiéndote a menudo en la víctima inocente de aquello que sucedió. Si bien criticas al otro con dureza, a ti sueles excusarte por la forma en la que te comportaste. Y exactamente lo mismo ocurre a la inversa.

EL ARTE DE PERDONAR(SE)

Supón que —por los motivos que sean— no te queda más remedio que relacionarte regularmente con una persona descentrada. Y que el otro día te enzarzaste en una acalorada discusión con ella que terminó en insultos y comentarios hirientes. Al terminar dicho desencuentro, los dos os separasteis llenos de ira. Y movidos por el victimismo ambos os culpasteis el uno al otro por toda la perturbación que sentíais.

Una vez sales finalmente de la emoción que te nubla el entendimiento, tienes dos opciones. La primera es la más común. Y también la más cómoda: consiste en aferrarte a tu rol de víctima y seguir culpando al otro de tu sufrimiento. Es la manera que tiene el ego de preservar su control y poder sobre ti. En parte te conviene porque así te eximes de confrontar tu ignorancia. Eso sí, pagas un precio muy elevado: te pierdes una valiosísima oportunidad de crecimiento espiritual. Te quedas igualito. Y más tarde o más temprano volverás a atraer a tu vida a otra persona descentrada con la que mantener un conflicto similar que refleje tu propia sombra no iluminada, pues lo que no sanas siempre acaba reapareciendo...

La segunda opción es más desafiante, pero también más liberadora. Y pasa por dejar de proyectar tu oscuridad en el otro, mirarte en el espejo y asumir tu parte de responsabilidad en dicha discusión. Para lograrlo, es fundamental revisar lo que sucedió de la manera más objetiva y omnisciente que puedas. Y al hacerlo te das cuenta de que ese día estabas en un estado naranja, algo estresado y en modo supervivencia. Y que fruto de tu malestar interior te sentiste agredido por algo que la persona descentrada dijo con vehemencia, lo que te movió impulsivamente a contestarle con un comentario igual de hiriente. Esto provocó que el otro se lo tomara como un ataque personal, reaccionara impulsivamente y se perturbara a sí mismo. Y a partir de ahí la cosa se os fue de madre a los dos.

Cómo recuperar la paz interior

Al analizar la situación detenidamente —sin el efecto y la influencia de tus emociones de por medio— descubres que una parte de ti se siente culpable por lo sucedido. De alguna manera, te arrepientes por lo que dijiste y por la forma en la que lo expresaste. De ahí que para recuperar la paz interior sea imprescindible empezar por el principio: perdonarte a ti mismo. Y lo haces porque entiendes que eres un ser humano que tiene derecho a cometer errores, los cuales son necesarios para aprender y evolucionar. Al empatizar contigo sientes compasión por la ignorancia, el miedo y el dolor que te llevaron a actuar y a reaccionar como lo hiciste. Y constatas que en aquel momento no pudiste hacerlo mejor ni diferente. Al perdonarte a ti mismo te liberas de la sensación de culpabilidad.

Una vez recobras tu paz, pones el foco en tu supuesto agresor y haces lo mismo. En vez de juzgarlo por cómo se comportó, empatizas con él y sientes compasión por el malestar interno que lo llevó a portarse como lo hizo. Así es como se te revela la tercera verdad universal que rige las relaciones humanas: «nadie puede hacerte sufrir sin tu consentimiento». El enfado y la ira que sentiste tuvo más que ver con la forma egoica en que interpretaste lo sucedido que con los hechos en sí. El otro solo fue un estímulo. Sin embargo, debido a tu estado de ánimo naranja reaccionaste de manera impulsiva, provocando que *tú* te perturbaras a ti mismo.

Perdonar genuinamente pasa por comprehender algo profundamente transformador: que, en última instancia, el otro nunca te hizo daño. Y que debido al nivel de consciencia en el que se encontraba en ese momento es imposible que pudiera haber actuado de una manera diferente a como actuó. Así es como te liberas del rencor y puedes pasar página. Paradójicamente, es necesario que lo perdones para desprenderte de todo el daño emocional que crees que te hizo. De este modo también te previenes de sembrar en tu mente sentimientos de castigo y de venganza, los cuales —irónicamente— son una forma muy sutil y enfermiza de seguir maltratándote a ti mismo.

Una vez te has liberado de la culpa y del resentimiento, es recomendable que pidas disculpas a la persona descentrada. Es un acto de «cortesía espiritual». Lo único que tienes que hacer es encontrar un momento oportuno para hablar a solas. Y mirándola amistosamente a los ojos le dices «lo siento». Es decir, que sientes lo que dijiste el otro día, así como la forma en la que se lo dijiste. Ésa es tu parte de responsabilidad en el embolado que os perjudicó a ambos. El sufrimiento que el otro experimentó es cosa suya, del mismo modo que la perturbación que tú sentiste es cosa tuya. Te disculpas por lo que te pertoca. Y no esperas que la persona descentrada haga lo mismo. Perdonarte, perdonarlo y pedir disculpas es algo que haces para liberarte a ti y recobrar tu paz interior. Como se lo tome y responda el otro no tiene nada que ver contigo. Actuando de este modo estás entrenando el músculo de la imperturbabilidad. ¡Quién sabe!, puede que llegue un día en el que ni siquiera te perturbes cuando vuelvas a encontrarte en una situación parecida.

Perdonar es como liberar un prisionero
y descubrir que ese prisionero eras tú.

LEWIS B. SMEDES

30. Toreando el ego ajeno

Dado que la sociedad moderna está repleta de personas descentradas, no te queda más remedio que cultivar el arte de «torear el ego ajeno». Es decir, lidiar con estos individuos de tal manera que no te ofendas por nada de lo que digan o hagan. Y a su vez no hacer ni decir nada que pueda ofenderlos... Y puesto que suelen oscilar entre los estados naranja y rojo —en modo supervivencia egoica—, la mejor forma de proteger tu paz interior e inmunizar tu salud mental es vivir en verde. Es decir, conectado con tu verdadera esencia. Si no gozas de energía vital ni consciencia y te topas con alguno de ellos, acabarás sucumbiendo. Su ego es especialista en poner a prueba el tuyo. Debido a sus conflictos internos no resueltos buscan provocarte para hacerte reaccionar, dándoles cualquier excusa para canalizar su malestar contigo.

Pongamos que asistes a un encuentro social durante el que has de compartir un buen rato junto a una persona descentrada. Enseguida reconoces que se encuentra en un estado naranja rojizo. Básicamente porque nada más presentarse ya ha soltado un par de comentarios bruscos y sentencias afiladas, sacando a relucir el tamaño de su ego... Recuerda que al estar cegada por el *yo* es imposible que sea consciente de su sombra, haga autocrítica y asuma su parte de responsabilidad. Y mucho menos que esté abierta para dialogar y razonar contigo de forma madura y constructiva. Debido a su nivel de enajenación mental, lo único que puedes hacer es torear su ego sin que se dé cuenta de que lo estás toreando. Y para ello es fundamental que lleves a cabo las siguientes tres estrategias de imperturbabilidad.

La primera consiste en practicar la «escucha empática». Es decir, vaciarte de ti hasta el punto en el que tu propio ego desaparezca mientras escucha. Al hacer esto evitas tomarte lo que el otro diga de forma personal. Tu mayor reto es no sentirte atacado ni agredido, que es precisamente el objetivo de la persona descentrada. No te quedes con el contenido de lo que dice. Ni tampoco con su forma de expresarse. Si escuchas más profundo —y miras un poco más allá—, verás a un ser humano herido y en guerra consigo mismo. Parece que quiere hacerte daño, pero en el fondo lo que busca es desahogarse porque está dolido. No lo hace intencionadamente. Y tampoco sabe hacerlo mejor. Está siendo víctima y verdugo de su malestar interior.

Al escuchar de este modo no solo muestras compasión, sino que evitas ser arrastrado por su turbulencia emocional. Y en ese estado descubres lo absurdo que es tratar de tranquilizar a la persona descentrada, darle tu opinión, entrar en discusión u ofrecerle algún consejo. Por el contrario, guarda silencio y respira conscientemente. Deja que el otro exprese su frustración mientras tú permaneces sereno e impasible, como si fueras una roca en medio de un río caudaloso. Cualquier cosa que digas la recibirá de malas formas y acabará usándola en tu contra. Como mucho valida sus emociones de manera neutral, aunque no estés de acuerdo con lo que dice. Sorprendentemente, cuando la otra persona siente que su desahogo es escuchado y aceptado —sin resistencia ni juicio— su tormenta emocional empieza a calmarse. Así es como se alivia su sufrimiento.

CONVIÉRTETE EN UN «*CONVERSACIONISTA*»

La segunda estrategia consiste en convertirte en un «*conversacionista*». Es decir, en alguien que hace ver que está manteniendo una conversación cuando en realidad es un «bodriólogo»,[83] un monólogo insustancial que resulta ser un bodrio para quien lo escucha. Dado que tu interlocutor está tan lleno de sí mismo, carece por completo de empatía. Y en ningún momento se da cuenta de la chapa que te está pegando. Ni tampoco de cómo te puede estar hacer sintiendo. Su único afán es seguir vomitando —cual autómata— el contenido psíquico de su mente. Y su narcisismo le impide parar de balbucear e interesarse por ti.

Ser un «conversacionista» consiste en *darle pases* para que el otro hable de lo que le haga sentir bien, haciéndole preguntas que intuyas que va a disfrutar contestando. Y no bajes la guardia. Ni se te ocurra sacar algún tema que pueda incomodarlo, cuestionarlo o confrontar su sistema de creencias. Eso tan solo provocaría una reacción airada por su parte, poniéndote en una delicada situación. Las personas descentradas suelen ser muy dogmáticas e intransigentes: están convencidas de que su forma de pensar es la forma de pensar correcta y que quien piense de manera diferente está equivocado. Son incapaces de respetar cualquier opinión o punto de vista distinto al suyo. Tienden a tomárselo como un ataque personal y no dudan en volcar toda su ira contra ti.

Ésta es la razón por la que es muy importante que emplees la tercera estrategia de imperturbabilidad: la «herramienta de amor».[84] Y ésta consiste en no compartir información que sepas que puede despertar el ego de tu interlocutor. Aunque se parezca, no es una mentira piadosa. Principalmente porque esta omisión consciente y voluntaria no la haces para complacerte a ti, sino por el bienestar del otro. A ti te gustaría mostrarte honesto, vulnerable y auténtico. Más que nada porque sabes que es la única forma de conectar genuinamente con otro ser humano. Sin embargo, actuando de este modo solo vas a conseguir entrar en conflicto con la persona descentrada, la cual es incapaz de aceptar y sostener cualquier idea que difiera de su neurótica narrativa mental. Así es como te ahorras un conflicto que no beneficiaría a ninguno de los dos.

Salir airoso de un encuentro con una persona descentrada no es fácil. Implica domar al ego, que suele tener la pulsión de sentirse juzgado, expresar lo que piensa y tener la razón. Cada vez que consigues no perturbarte ni entrar en conflicto con este tipo de individuos es una victoria sobre ti mismo. Eso sí, en caso de sucumbir, no te machaques. Aprovéchalo como una oportunidad para ver qué sombra no iluminada te está reflejando. Y sigue practicando. Llegará un día en el que incluso disfrutarás de torear el ego ajeno, sabiendo que nada ni nadie pueden hacerte perder tu paz interior.

Dos no se pelean si uno no quiere.

PROVERBIO ESPAÑOL

VII

El otro también eres tú

Un profesor de secundaria llevó una bolsa llena de globos y los repartió a los 150 alumnos que estudiaban en su instituto. Después les pidió que escribieran su nombre y apellido en el globo que les había tocado y lo dejaran en el patio del colegio. Luego les dijo a todos que tenían cinco minutos para buscar el globo que tuviera su nombre escrito. Los estudiantes se lanzaron entre empujones a buscar frenéticamente sus globos. Sin embargo, se enredaron tanto en la búsqueda que terminaron exhaustos y frustrados. Nadie pudo encontrar el suyo.

Al concluir el juego, el profesor los llamó para darles una nueva instrucción. Esta vez tenían que coger el primer globo que encontraran y entregárselo a la persona cuyo nombre estaba escrito. Y eso hicieron. Con mucho más orden y calma, los alumnos fueron entregando el globo a sus respectivos compañeros. En menos de tres minutos todos tenían el suyo en la mano. Habían logrado lo que antes parecía imposible.

El profesor sonrió al ver que habían comprendido la lección y simplemente dijo: «Cada uno de estos globos representa vuestra felicidad. Cuando cada uno busca únicamente la suya de forma egoísta, no solo es difícil de encontrar, sino que genera conflicto y caos. Pero cuando os preocupáis por contribuir a que los demás encuentren la suya, todos terminamos encontrando la propia. No lo olvidéis nunca: buscando el bien de vuestros semejantes también encontraréis el vuestro».[85]

31. El amor es la verdad

Todos los grandes sabios[86] que han compartido sus enseñanzas a lo largo de la historia están de acuerdo en una afirmación que resume la esencia de lo que consideran que es genuinamente relevante: «El amor es la verdad». Para todos ellos el amor es la expresión humana más elevada y la manifestación máxima de lo que es verdadero en la vida. Pero ¿qué es el amor?

Los antiguos filósofos[87] identificaron tres formas distintas de encarnar, vivir y manifestar el amor. Cada una de ellas representa una manera de conectar con otros seres humanos y con la existencia. La primera es «*filia*». Se refiere al amor fraternal que mantienes con tus seres queridos, ya sean miembros de tu familia o amigos íntimos. Se vehicula a través de la mente. De ahí que tenga un componente más emocional e intelectual. Lo vives con personas con las que compartes valores y afinidad.

La segunda es «*eros*». Se refiere al amor romántico y pasional que experimentas con tu pareja o compañeros sexuales. Se vehicula a través del cuerpo. De ahí que tenga un componente más físico y corporal. Lo vives con personas por las que sientes deseo y atracción. Y la tercera es «*aga-*

pe». Se refiere al amor consciente, evolucionado y universal que sientes por la vida en general y por la humanidad en particular. Se vehicula a través del espíritu. De ahí que tenga un componente más trascendente y esencial. Lo puedes vivir con cualquier persona y frente a cualquier circunstancia.

ERES AMOR

Este libro es una invitación para que cultives el amor como *agape*. Esencialmente porque te lleva a salir de ti mismo —del encarcelamiento del *yo*—, conectándote con todo lo que existe. Al amar de este modo, entras en un estado de consciencia que trasciende el ego y la separación ilusoria que éste crea artificialmente a través de los pensamientos. Lejos de ser ciego, este amor es visionario: te permite ver la realidad real que existe más allá de la interpretación distorsionada, sesgada y dual que sueles hacer desde la mente. Te adentra en la unidad inherente a la existencia. Es entonces cuando comprendes el porqué de «amar al prójimo como a ti mismo».[88]

Cuando amas de este modo el ego desaparece, desvaneciéndose la frontera ficticia que crees que existe entre *tú* y *todo lo demás*. Es entonces cuando experimentas una dicha indescriptible. El amor como *agape* es la raíz desde la que brotan tu salud, felicidad y abundancia. De hecho, cuanto más amas así, más sano estás. Más feliz te sientes. Y más éxito cosechas... O lo que es lo mismo: la falta de este amor trascendente es la causa de todos los problemas y conflictos de tu existencia.[89]

En la medida en que profundizas en tu desarrollo espiritual, terminas dándote cuenta de que el amor es tu verdadera naturaleza. Es lo que eres en esencia. Fundamentalmente estás hecho de amor. Es lo que queda en ti cuando te deshaces de todas las capas de condicionamiento y te liberas de todas las neurosis que gobiernan tu mentalidad. La única razón por la que ahora mismo no sientes ese amor es porque estás desconectado de ti. El amor como *agape* todo lo cura. Limpia la mente. Sana el cuerpo. Regula el sistema nervioso. Y purifica el alma, revelándote que el verdadero propósito de la vida es aprender a amar de esta manera.

El nivel de consciencia de un ser humano se mide
por la cantidad y calidad de amor que hay en su vida.

OSHO

32. La motivación altruista

El amor no es algo que simplemente llega; más bien se practica. Y la manera más directa de experimentarlo es amando activamente. Para ello necesitas cultivar diariamente un hábito esencial: la «motivación altruista». Ésta consiste en ponerle una intención amorosa a tus quehaceres cotidianos, buscando —en cada interacción— una forma de beneficiar a las personas con las que te cruzas en tu día a día. Dado que no existe separación entre *ellos* y *tú*, el bien que haces a los demás en realidad te lo estás haciendo a ti mismo. Recuerda que el amor como *agape* te reporta felicidad. Te lleva directo al verde. De ahí que el altruismo sea la máxima y mejor expresión del egoísmo. Si bien parece que los otros salen ganando, contribuir al bienestar ajeno te hace mucho más bien a ti.

El quid de la cuestión es *desde dónde* lo haces. Si lo que ofreces a los demás está motivado por el ego, tu entrega es interesada y narcisista. Es una generosidad egocéntrica. Das para recibir. Es un medio, un intercambio mercantil. Esperas alguna cosa a cambio. Si supieras que no ibas a conseguir algo no lo harías. Por contra, si lo que ofreces a los demás está motivado por el ser esencial tu entrega es desinteresada y altruista. Das por el placer de dar. Es un fin en sí mismo. No hay letra pequeña. Paradójicamente, recibes mucho más de lo que has dado en forma de «*eudaimonia*»,[90] el bienestar emocional y espiritual que proviene de la sabiduría, la ética, el servicio y la virtud.

No es casualidad que la etimología de la palabra «feliz» provenga de «*felix*», que quiere decir «fecundo», «fértil» y «fructífero». Y esto se refiere al hecho de que, cuando estás a gusto contigo mismo, tu actitud y tu comportamiento tienden a ser beneficiosos tanto para ti como para los demás. Ésta es la razón por la que las personas genuinamente felices suelen cosechar prosperidad y abundancia. Precisamente porque eso es lo que han sembrado en su vida. Es como encender una luz en un lugar oscuro; no solo ilumina a los demás, sino que también calienta y transforma el espacio que habitas.

LA PARADOJA DEL SERVICIO

¿Has notado cómo las personas que practican voluntariado suelen irradiar una felicidad que no se puede fingir? Es porque han descubierto un secreto universal: ayudar al prójimo es fuente de profunda satisfacción. Siempre recibes muchísimo más de lo que has dado o entregado. Es la paradoja de la vocación de servicio. Por unos instantes te olvidas de ti mismo —de tus problemas personales— para poder centrarte en lo que el otro necesita. Así es como trasciendes temporalmente la excesiva identificación con el ego, sintiéndote *a posteriori* de maravilla contigo.

La próxima vez que te sientas angustiado, ansioso o deprimido, en vez de hundirte en tu dolor y regodearte en tu drama encuentra la manera de ser útil a otros seres humanos. Parece contraintuitivo, pero ofrecer tu ayuda a otros cuando eres tú quien más la necesita te saca de ti. Te permite dejar de mirarte el ombligo, conectando con una dimensión más elevada y trascendente que desconocías. Al contribuir de algún modo a mejorar la vida de otra persona, el tormento que sientes se evapora, transformándose en una agradable sensación de bienestar. Sentirte útil es la mejor medicina contra la depresión.

Por todo ello, cada mañana —antes de salir de casa— recuérdate la importancia de dar lo mejor de ti mismo al servicio de los demás, respondiendo de la forma más amorosa que puedas a los retos y desafíos que traiga tu día. La próxima vez que interactúes con alguien, conecta con tu motivación altruista y haz lo que esté en tu mano para que tu interacción con esa persona lo deje mejor de cómo estaba antes de cruzarse contigo. Pon la intención de alegrarle un poco el día. Observa cómo tu actitud afecta positivamente a su experiencia. Y seguidamente nota cómo te sientes por dentro. Con el tiempo y la práctica descubrirás cómo este altruismo silencioso va poco a poco transformando tu vida.

Quien no vive para servir, no sirve para vivir.

MADRE TERESA DE CALCUTA

33. El poder de la amabilidad

Uno de los principales indicadores de que vives en el estado verde —y que eres realmente feliz— es cómo tratas a los demás. La amabilidad es el termómetro de tu salud mental y espiritual. Cuanto más pleno te sientes, más cálido y considerado eres con quienes te rodean. Por el contrario, cuanto más desdichado eres —malviviendo en los estados naranja y rojo— más probable es que te comportes de manera fría, brusca o borde. Pero, ¿en qué consiste ser amable? Pues en mostrar un genuino interés por el bienestar de quienes te rodean. Requiere que vivas en el presente y que dispongas de tiempo para empatizar con las necesidades ajenas. De hecho, el mayor enemigo de la amabilidad es el estrés, pues te condena a ir acelerado y a perder de vista al prójimo que tienes delante de ti.

Está demostrado científicamente que la amabilidad es muy buena para la salud.[91] Más que nada porque te predispone a ser tu mejor versión. Y te lleva a dejar el ego a un lado para cultivar la empatía, la compasión y el amor hacia los demás. Solo te aporta cosas positivas. De ahí la importancia de que la conviertas en una práctica regular. Busca cada día —de forma consciente— al menos una oportunidad para ser amable. Selo a propósito, de forma intencionada. Estate muy atento a cualquier situación en la que puedas hacer algo bueno por alguien, sin importar si es un ser querido o un completo desconocido.

Saluda con alegría a la persona que te atiende cuando estás comprando algo. Deja pasar a un coche en un cruce y sonríe al conductor. Dile a uno de tus colaboradores que está haciendo un gran trabajo. Acuérdate del aniversario de tus amigos y llámalos para cantarles el cumpleaños feliz. Envía un mensaje inesperado a tus padres recordándoles cuánto los quieres. Sé paciente cuando tu hijo pequeño pierda los papeles. Ofrece tu asiento a alguien mayor en el metro o autobús. Escribe una carta de agradecimiento a alguien que haya influido positivamente en tu vida. Escucha con atención cuando alguien se desahogue contigo. Conecta a dos personas que creas que pueden beneficiarse mutuamente. Sostén la puerta para quien venga detrás. Ayuda a alguien a cargar algo pesado. Visita a un anciano y hazle compañía.

Valora y agradece

Avisa al restaurante para cancelar la reserva que finalmente no utilizarás. Comparte elogios sinceros cuando los sientas. Llama para preguntar cómo está ese amigo que sabes que lo está pasando mal. Sé puntual cuando quedas con alguien. Recuerda los nombres de las personas con las que hablas. Cede la palabra en una conversación y evita interrumpir cuando alguien se está expresando. No te irrites cuando alguien se equivoque al atenderte o te haga perder el tiempo. Deja una propina. Concede un favor cuando te lo pidan. Saluda cordialmente a tus vecinos. Deja un baño público igual o más limpio de como te lo has encontrado. Evita chismorrear acerca de quien no está presente...

Y en definitiva no des nada por sentado. Encuentra diariamente motivos para valorar y agradecer lo que otras personas están aportando a tu vida. En última instancia, la verdadera amabilidad se construye por medio de pequeños gestos que tienen un gran impacto en la vida de quienes te rodean. Es la forma más elocuente de decirles con tus actos que los ves y que los tienes en cuenta. Cultivar el hábito de buscar lo bueno en los demás no solo influye en tu manera de mirarlos, sino que mejora notablemente la forma en la que te relacionas con ellos. Ser cómplice de la felicidad ajena es el secreto de la verdadera felicidad.

El hecho de que se tenga que hacer apología de lo bueno que es ser amable demuestra lo enferma que está la sociedad. El ritmo frenético, la neurosis y el narcisismo han convertido esta cualidad esencial en un fenómeno contracultural. Manifestarla requiere que vayas a contracorriente. Eso sí, cuando sucede no deja a nadie indiferente. Ser amable sigue teniendo un poder bestial sobre la actitud de las personas. La amabilidad inspira más amabilidad. Es tremendamente contagiosa. Eleva el espíritu de quien la da y de quien la recibe. Y actúa como un efecto dominó, generando una onda expansiva entre quienes la atestiguan.

La amabilidad es el lenguaje
que los sordos pueden oír y los ciegos pueden ver.

MARK TWAIN

34. Límites saludables

Uno de los mayores desafíos de cultivar el amor como *agape* es saber amar a los demás sin dejar de amarte a ti mismo. Por una simple cuestión de amor propio, es esencial que aprendas a establecer límites saludables, especialmente con personas descentradas. En caso de no hacerlo puedes acabar perdiéndote en los demás, generando relaciones tóxicas, basadas en el apego insano y la dependencia emocional. Y también anulándote como ser humano para sobreadaptarte a otros en un intento de evitar conflictos con personas más dominantes.

Cuando no sabes poner límites es muy común que digas «sí» cuando en realidad quieres decir «no». Que te sientas culpable por priorizarte o ser fiel a ti mismo. Que actúes en contra de tu integridad y tus valores esenciales para complacer a otros. Que no te atrevas a decir lo que piensas por miedo a ser juzgado y rechazado. Que te amoldes a las creencias de tu entorno social y familiar para ser aceptado. Que no comuniques tus necesidades emocionales en tus relaciones por temor a ser tachado de egoísta. O que des demasiado —o hagas cosas que no quieres hacer— para sentirte querido y valorado.

Todas estas conductas limitantes tienen una misma causa: la falta de autoestima. Ésta es la razón por la que saber poner límites y decir «no» a los demás es una de las máximas expresiones del amor propio. Estas conductas son un acto de madurez y de respeto hacia ti mismo. Y son totalmente necesarias para preservar tu bienestar emocional. La clave es saber qué líneas no quieres cruzar y qué banderas rojas no vas a tolerar, comunicando de manera honesta y asertiva qué es aceptable y qué no en las relaciones que mantienes con otros. Los límites no son un ataque hacia los demás, sino una defensa de lo que es importante para ti. Es la forma en la que dejas constancia de que mereces un trato digno y respetuoso.

Poner distancia

Al establecer límites saludables creas un marco relacional que favorece el desarrollo de vínculos genuinamente armoniosos y satisfactorios. Y por supuesto permites que los demás también compartan los suyos. Actuando de este modo enseguida verificas qué tipo de personas resuenan y son compatibles contigo y cuáles no. Aunque puedes amar a cualquiera desde la perspectiva de *agape*, eso no significa que debas permitir que su comportamiento neurótico y descentrado te afecte negativamente.

Nuevamente, por una cuestión de amor propio es fundamental que —llegado el caso— te distancies físicamente de individuos o entornos que —por los motivos que sean— tengan un impacto nocivo sobre tu salud emocional. El mundo está lleno de personas egocéntricas y narcisistas que constantemente buscan aprovecharse de ti. De manipuladores que tratan de controlar algún aspecto de tu vida. De abusivos que te menosprecian, lastiman o invaden tu espacio personal. O de drenantes que te demandan excesivamente atención y energía, dejándote agotado. Tienes todo el derecho de alejarte de semejantes individuos todo lo que puedas para preservar tu bienestar. Eso sí, no olvides que son espejos andantes. Y que si están en tu vida es porque seguramente te están reflejando alguna sombra tuya no iluminada...

En la medida en que te respetas y te amas a ti mismo, empieza a ocurrir algo muy sincrónico: cada vez te sientes más amado y respetado por quienes te rodean. Como consecuencia de tu autoconocimiento y crecimiento espiritual, lo más habitual es que caigan relaciones viejas y aparezcan personas nuevas de cada vez más calidad, las cuales sintonizan con tu nuevo nivel de consciencia. Es lo que tiene madurar: que cada vez te sientes más a gusto contigo mismo. Te importa menos lo que piensen los demás. Te es más fácil honrar tu singularidad. Te sientes más pleno y feliz. Y, en definitiva, cada año que pasa disfrutas más de tus relaciones y de la vida.

Con los años te acabas dando cuenta
de lo importante que es ser fiel a uno mismo.

OSCAR WILDE

TERCERA PARTE

CONFÍA EN LA VIDA

VIII

La ciencia espiritual

Un meteorólogo de televisión egocéntrico, cínico y malhumorado fue enviado junto con su nueva productora —una mujer bondadosa y optimista— a un pequeño pueblo para cubrir una festividad local. Dicha tradición consistía en que el alcalde le preguntaba a la mascota de esa localidad —una marmota— cuán largo iba a ser el invierno.

Tras pasar la noche en el hotel, a la mañana siguiente el hombre del tiempo acudió a la plaza Mayor para grabar las tomas correspondientes. Dado que se veía a sí mismo como una estrella, se sentía frustrado por tener que informar sobre un acontecimiento que consideraba absurdo e irrelevante. Y en todo momento se mostró arrogante y antipático, tratando con desprecio a las personas con las que interactuaba.

Una vez finalizada la retransmisión —la cual realizó de forma mecánica y desalmada— le pidió a su equipo marcharse inmediatamente. Sin embargo, una tormenta de nieve provocó el cierre de las carreteras, obligándolos a pasar otra noche en aquel pueblo. Tras quejarse y maldecir su mala suerte, el meteorólogo volvió a regañadientes a la habitación de su hotel.

Repitiendo un mismo día

A la mañana siguiente sonó el despertador con la misma música del mismo programa de radio del día anterior. Y al bajar al comedor para desayunar el meteorólogo empezó a darse cuenta de que estaba viviendo —de nuevo— exactamente el mismo día. Se cruzó con las mismas personas, las cuales actuaron del mismo modo. De hecho, no le quedó más remedio que volver a retransmitir dicha festividad.

Y nuevamente, al intentar salir de aquella localidad comprobó horrorizado como el mismo policía le repitió con las mismas palabras que las carreteras habían quedado cortadas. Se había quedado atrapado en el tiempo. Y era el único consciente de aquel extraño fenómeno. El resto de ciudadanos siguió actuando con normalidad, ajenos al bucle temporal en el que estaba sumido el meteorólogo.

Ese mismo día se fue repitiendo una y otra vez. Cada día ocurrían las mismas situaciones. Interactuaba con las mismas personas. Tenía que cubrir la misma tradición local. Y terminaba durmiendo en la misma habitación del mismo hotel. A lo largo de ese tiempo hizo todo tipo de cosas para llenar su vacío existencial. Comió comida basura hasta reventar. Se emborrachó hasta perder el conocimiento. Robó el dinero del banco. Compró y consumió infinidad de cosas materiales. E hizo lo posible para seducir, manipular y acostarse con su productora, sin éxito.

Depresión y suicidio

Aquel hombre del tiempo se levantaba día tras día tratando de saciar sus necesidades y satisfacer sus deseos egocéntricos. Su vida estaba orientada a saciar solamente su propio interés. No le importaban para nada las repercusiones que sus actos podían generar sobre el resto de habitantes de aquel pueblo. Y harto de no conseguir lo que esperaba terminó deprimiéndose. Llegó un punto en que no encontró ninguna razón para seguir viviendo. Fue entonces cuando decidió suicidarse... Pero al día siguiente volvió a despertarse para afrontar el mismo día. Una y otra vez.

De tantos días, meses y años que el meteorólogo fue repitiendo ese mismo día, acabó conociendo a la perfección a todos los ciudadanos de aquella localidad. Y especialmente a la productora. Fruto de múltiples conversaciones con ella, el hombre del tiempo observó que se trataba de una mujer con un corazón amable, generoso y compasivo. También se dio cuenta de que era muy empática y respetuosa con los demás. Y de que tenía una actitud muy positiva frente a la vida.

Fue entonces cuando algo le hizo clic. El meteorólogo tomó consciencia de que su egocentrismo lo llevaba a tomarse demasiado en serio a sí mismo y a pensar exclusivamente en lo que él quería. Y decidió revertirlo. Si bien el decorado seguía siendo exactamente el mismo, empezó a aprovechar aquel mismo día para sacar lo mejor de sí, cultivando el altruismo, la vocación de servicio y orientando su existencia al bien común.

Entrega genuina

Con el tiempo y la práctica terminó alcanzando la maestría en el arte de amar y de entregarse genuinamente a los demás, haciendo el bien a quien lo necesitara. Entre otras hazañas, durante ese mismo día cogió en brazos a un niño que se cayó de un árbol. Cambió la rueda pinchada de un coche conducido por ancianas. Salvó al alcalde de morir atragantado por un trozo de carne. Y aprendió a tocar el piano para amenizar la cena de gala del pueblo...

En paralelo, fue cómplice de la felicidad de la productora, compartiendo con ella un día verdaderamente memorable. Sorprendida por la actitud del meteorólogo, en un momento dado ella le preguntó cómo podía ser que todo el mundo lo quisiera tanto. Éste le contó la verdad sobre el bucle temporal en el que se encontraba atrapado. Y ella decidió pasar toda la noche despierta junto a él en su habitación para comprobarlo.

Sin embargo, a altas horas de la madrugada finalmente la productora se durmió en los brazos del hombre del tiempo. Despierto y plenamente conectado con el instante presente, el meteorólogo se sintió feliz. Había aceptado por completo su realidad y estaba en paz con la idea de volver a repetir *siempre el mismo día. El amor lo había transformado por completo. Y al día siguiente sucedió algo inesperado: cambió de día. Por fin era mañana.*[92]

35. El día de la marmota

Esta historia sobre la transformación del meteorólogo es un resumen de la película *Groundhog Day* —«El día de la marmota»—, la cual tradujeron como *Atrapado en el tiempo*. Se estrenó en 1993 y fue un éxito de taquilla a nivel mundial. Y hoy en día es considerada un clásico de un género emergente: el «cine consciente». Es decir, aquel que emplea el entretenimiento como un medio para democratizar el autoconocimiento y fomentar el despertar de la consciencia de la sociedad.

Años más tarde, su director y coguionista, Harold Ramis, explicó que representantes de prácticamente todas las tradiciones religiosas lo contactaron para felicitarlo por haber captado magistralmente la esencia de sus enseñanzas. Curiosamente, Ramis aseguró que la película se enmarcaba dentro de la «espiritualidad laica», desvinculada de cualquier fe, creencia o institución religiosa.

Parece ser que esta película supo expresar —de forma metafórica— una verdad universal: que el propósito de nuestra existencia consiste en aprender a amar como *agape*. Y es que solo por medio del cultivo consciente del amor, la compasión, el perdón, el altruismo o la amabilidad podemos autotrascendernos. Es decir, ir más allá del egocentrismo, el victimismo, la queja, el rencor y la amargura que suelen asolar nuestra existencia cuando estamos excesivamente identificados con el ego.

El quid de la cuestión es que para estar en paz no basta con que te sanes y transformes a nivel psicológico. Es fundamental que te abras a concebir la vida desde una perspectiva espiritual. De hecho, está implícito en la propia palabra «psicología», la cual etimológicamente proviene del griego «psique» —cuyo significado es «espíritu» o «alma»— y «logos», que quiere decir «estudio». Así, este proceso de introspección te conduce irremediablemente a indagar sobre tu naturaleza esencial. Y en la medida en la que vas quitando capas y capas de la cebolla psicológica sobre la que has envuelto tu verdadera identidad si tarde o temprano llega un día en el que reconectas con tu dimensión espiritual.

ATRAPADOS EN EL *SAMSARA*

Al igual que le sucedió al meteorólogo, es bastante probable que en muchos momentos de tu vida te hayas sentido como un hámster —dando vueltas dentro de una rueda—, con la sensación de estar inmerso en una existencia mundana, completamente monótona, vacía y repetitiva. Es lo que de forma poética místicos de todos los tiempos han venido señalando como estar atrapado en el «*samsara*». En sánscrito, esta palabra puede traducirse como «vagar» o «dar vueltas» sin rumbo, perdido y desorientado. Y es lo que te lleva a repetir una y otra vez los mismos errores, a perpetuar los mismos patrones automáticos de comportamiento y a cosechar los mismos resultados insatisfactorios. A esto se refiere la expresión «tropezar siempre con la misma piedra».

Estar preso del *samsara* pone de manifiesto que estás dormido y vives de forma inconsciente. Es decir, sumido en un sueño egoico que te lleva a vivir desconectado y enajenado de ti mismo. Y eso es precisamente lo que sientes cuando malvives encarcelado en el laberinto de tu mente, secuestrado por tus creencias, poseído por tus pensamientos y ahogado por tus emociones. En ese estado de ignorancia no te das cuenta de que la realidad que percibes es «*maya*», otro término sánscrito que significa «ilusión», «espejismo» e «irrealidad». En última instancia, lo que tú crees que es el mundo es una distorsión subjetiva generada a través del intelecto y el lenguaje.

Sea como sea, la principal consecuencia de estar sometido al *samsara* y confundido por *maya* consiste en experimentar «*duhkha*», cuya traducción del sánscrito es «sufrimiento», «descontento» o «insatisfacción» crónicos. Recuerda que la raíz de casi todo el malestar que has experimentado, que experimentas y que experimentarás a lo largo de tu vida no tiene tanto que ver con lo que sucede, sino que se encuentra en las historias mentales que te cuentas acerca de la realidad. Y éstas son una ficción creada por tu imaginación. De ahí la importancia de practicar la autoindagación, conociendo a fondo cómo funciona tu mente para ser consciente del tipo de narrativa que suele protagonizar tu diálogo interno.

NIRVANA PARA PRINCIPIANTES

Muchas han sido las palabras empleadas para señalar el estado de paz que sientes cuando comprehendes la verdad acerca de quién eres. Pero hay una que sobresale por encima de todas. Se trata de «*nirvana*», que en sánscrito quiere decir «extinción», en el sentido de que desaparece temporalmente la identificación con el ego, liberando a quien lo experimenta de cualquier deseo, miedo y apego mundanos. En esencia, lo que se extingue es la creencia de que eres un *yo*, extinguiéndose —a su vez— el pensamiento neurótico y compulsivo.

«*Nirvana*» también suele traducirse como «iluminación» o «liberación». Y literalmente significa el fin de *samsara* (inconsciencia), la trascendencia de *maya* (ignorancia) y la erradicación de *duhkha* (sufrimiento). Y si bien este destello de comprensión suele ser temporal es imposible que lo olvides nunca. Representa el gran punto de inflexión en tu andadura existencial. Ningún otro evento tiene semejante efecto en tu manera de estar en el mundo. Principalmente porque cambia por completo tu percepción de la realidad para siempre. Y es el verdadero secreto para estar en paz con los demás y con la vida.

No es casualidad que todas estas palabras procedan del sánscrito, una de las lenguas más antiguas de la historia. Es considerado «el idioma de la sabiduría». Y recoge gran parte de los conceptos transmitidos por la filosofía oriental para designar la dimensión espiritual de tu condición humana, muchos de los cuales hoy en día se están popularizando en la cultura occidental. Eso sí, por más precisas que sean las directrices que indican el camino de tu evolución, no dejan de ser eso: simples palabras. Por sí mismas no valen para nada. Solamente tienen valor cuando las utilizas como una herramienta para cuestionar en profundidad la forma que tienes de ver el mundo y de relacionarte con los demás. Solo así obtendrás la sanación psicológica y el despertar espiritual necesarios para acceder al siguiente nivel de consciencia.

Y por muy hierbas que pueda sonar en un primer momento, más tarde o más temprano la espiritualidad se demostrará científicamente. Y ese día será un gran día para la ciencia, pues querrá decir que habrá encontrado los métodos necesarios para confirmar lo que los místicos de todos los tiempos y todas las culturas llevan miles de años preconizando: que la consciencia no es un subproducto del cerebro, sino que es la base de toda la existencia. Y que la puerta para vivenciarla es trascender el ego y fusionarse con el momento presente. Si bien la ciencia convencional explora el mundo externo, la «ciencia espiritual» profundiza en el interno a través del autoconocimiento y la meditación. Su ámbito de estudio es la naturaleza de la mente, así como la comprehensión de las leyes que rigen la realidad. De ahí que su enfoque sea marcadamente empírico, basado en la propia experiencia.

Cuando tienes conocimiento
empleas una antorcha para mostrar el camino a otros.
Cuando eres sabio
te conviertes tú mismo en una antorcha.

KABIR

36. Lo que sucede, conviene

En el mundo existen dos tipos de personas: las que se hunden ante la adversidad y las que se crecen ante las dificultades. La diferencia entre unas y otras es su mentalidad. De hecho, una de las particularidades que tienen en común quienes han aprendido a vivir en paz y ser genuinamente felices es que mantienen una relación cómplice con la vida. No perciben los acontecimientos que les ocurren desde una percepción meramente mundana y egoica, sino desde una visión más trascendente y espiritual. Y es precisamente esta mirada más sabia y profunda la que les ha permitido verificar dos verdades universales acerca del funcionamiento de la realidad.

La primera es que «lo que sucede, conviene».[93] Esta afirmación puede resultarte muy chocante y molesta al principio. Especialmente si has sido víctima de algún trauma y sigues enganchado al drama e inmerso en el dolor. Sin embargo, la única manera de liberarte de la cárcel en la que te encierra el victimismo es abrirte a la posibilidad de que sea lo que sea que te haya sucedido te conviene para aprender. En eso consiste la espiritualidad laica: en ver la vida como un proceso evolutivo de constante aprendizaje, dotándote de la actitud necesaria para aprovechar los infortunios externos para tu crecimiento interior.

Da igual si piensas que este enfoque existencial es una chorrada *new age*. De hecho, es del todo irrelevante saber si es cierto o no que la vida es efectivamente un proceso pedagógico, cuya finalidad última es aprender a amar. Lo verdaderamente importante es que adoptando esta mirada más trascendental te vuelves inmensamente eficiente. Piénsalo bien: ¿de qué te sirve perder el tiempo y la energía protestando y sufriendo por algo que ya ha pasado y no puedes cambiar? ¿Qué consigues perpetuándote en el rol de víctima, aferrándote a la creencia de que la vida ha sido injusta contigo? Absolutamente nada. Bueno sí, engordar el ego y envenenarte con más chupitos de cianuro, volviéndote todavía más miserable e infeliz.

O GANAS O APRENDES

Cuando malvives excesivamente identificado con el ego sueles pensar de forma *blanco-negrista*, totalmente binaria: te crees que todo en la vida se reduce a ganar o perder. Es decir, conseguir lo que el ego quiere o perder lo que el ego cree que le pertenece. De ahí que cada vez que sufres una pérdida mundana lo tiendas a interpretar solamente como algo perjudicial y negativo. Ésta es la razón por la que sueles quedar atrapado por la queja y sumido en la perturbación. Y a base de acumular decepciones y frustraciones llega un día en que o bien te conviertes en un cínico que no cree en nada o en alguien amargado desconectado de todo...

En cambio, cuando reconectas con tu dimensión espiritual empiezas a vislumbrar los infinitos matices grises que esconde cualquier acontecimiento. Y es entonces cuando comprehendes que en caso de no ganar siempre puedes aprender una valiosa lección para seguir creciendo como ser humano. Así es como descubres que una pérdida mundana siempre trae consigo una ganancia a nivel espiritual. Todo depende de cómo te posiciones ante ella y cuánto la aproveches para tu evolución.

Por ejemplo, la muerte de un ser querido te confronta con la impermanencia de la existencia y te recuerda la importancia de disfrutar de la vida todo lo que puedas. Una ruptura sentimental es una invitación para cultivar el amor propio y redefinir lo que buscas en un vínculo sexoafectivo. Un despido laboral te da la oportunidad de salir de tu zona de confort y redescubrir tu vocación. El diagnóstico de una enfermedad crónica te lleva a cuidar mucho más de tu cuerpo y a cultivar hábitos más conscientes y saludables. El fracaso de un negocio te vuelve mucho más humilde y te revela cómo no hacer las cosas para evitar repetir los mismos errores en tu próximo emprendimiento. La traición de un amigo te ayuda a establecer límites más claros y discernir mejor las relaciones en las que confías...

Las cosas que te ocurren no suelen ser las que el ego quiere. Pero si las diseccionas y analizas desde una perspectiva espiritual terminas descubriendo que sí son las que necesitas. Pero, ¿para qué? Pues para hacer consciente tu subconsciente. Para sanar tus heridas de infancia. Para cuestionar tus creencias limitantes. Para transformar tus sombras como adulto. Y sobre todo para crecer en amor, felicidad y paz interior, los tres principales atributos de tu verdadera esencia. La próxima vez que la desgracia venga a visitarte, mírala fijamente a los ojos y sonríele con complicidad. Ahora ya sabes que es tu mayor aliado para convertirte en quien estás destinado a ser.

No hay mayor talento que el de saber transformar
la adversidad y el sufrimiento en crecimientoespiritual.

SÉNECA

37. Rendirse a lo inevitable

En la medida en que cultivas una visión más trascendente y espiritual, verificas una segunda verdad universal acerca del funcionamiento de la realidad: que «todo es perfecto». Nuevamente, este sentido de perfección no tiene nada que ver con la concepción mundana y egoica tan cargada de moral que suele regir tu percepción ordinaria. ¿Cómo van a ser perfectas la guerra, el hambre o la pobreza? ¿Qué tiene de perfecto que te deje tu pareja, que te echen de un empleo o que contraigas una enfermedad? Éstas son las típicas preguntas que el ego se hace —atónito— la primera vez que escucha esta afirmación.

Al vivir excesivamente identificado con este *yo* ilusorio, tu mente interpreta lo que te pasa de forma dual, poniéndole la etiqueta «bueno» a aquello que te beneficia y «malo» a lo que te perjudica. Sin embargo, lo que sucede no es bueno ni malo: es inherentemente neutro. «Bueno» y «malo» son apreciaciones subjetivas que haces en base a tu experiencia y a tus creencias, pero nada tienen que ver con la realidad.

Recuerda que una cosa es lo que ocurre y otra —muy distinta— lo que piensas y sientes acerca de lo que ocurre. Al estar tan ensimismado en tus pensamientos y tan enganchado a tus emociones, raramente estás en contacto con lo que sucede verdaderamente. De ahí que tu experiencia vital no tenga tanto que ver con la realidad, sino con la interpretación subjetiva y distorsionada que haces desde el ego acerca de la realidad. Discernir entre lo uno y lo otro es el primer paso hacia la sabiduría.

LA REALIDAD ES NEUTRA

Independientemente de tu interpretación subjetiva, un acontecimiento es simplemente un acontecimiento. Es algo objetivo. El hecho de que tú pienses y sientas que es bueno o malo no lo convierte en bueno o malo. Ésa es solo tu opinión sobre dicho suceso. Y lo cierto es que existen tantas opiniones e interpretaciones diferentes como seres humanos hayan observado dicho evento. Cuanto más secuestrado estás por tu mente —y por la dualidad que ésta crea ficticiamente à través del lenguaje—, más difícil te es percibir la neutralidad subyacente a lo que sucede. Por más que te cueste de ver —o comprender— la realidad es neutra. Lo que no es neutro es tu percepción de la realidad, la cual es siempre dual y suele estar distorsionada por tu condicionamiento moral.

La perfección a la que se refieren los místicos es inherente a todo lo que ocurre. El hecho de que algo esté sucediendo tal y como está sucediendo hace que sea perfecto en sí mismo. Precisamente porque está sucediendo. Su perfección radica en su inevitabilidad. En caso contrario, ocurriría de otro modo. Que tú pienses que no debería haber ocurrido o que debería haber ocurrido de otra forma es parte de tu neurosis. Tu constante desacuerdo con lo que sucede no es más que una pataleta infantil del ego. Cuando dedicas tiempo a la autoindagación, te das cuenta de que estos relatos mentales ilusorios son solo pensamientos egocéntricos y victimistas que aparecen espontáneamente por tu mente. No los eliges. Simplemente emergen desde tu subconsciente.

Si te paras a reflexionarlo es muy curioso que solamente pienses de este modo cuando lo que ha pasado es algo con lo que no estás de acuerdo o te ha perjudicado. ¿No te parece muy oportuno y conveniente que cuando la realidad se adecua a lo que consideras que es correcto —o directamente te beneficia— nunca piensas que no debería haber acontecido lo que ha acontecido?

Haz las paces con la vida

Otro de los secretos mejor guardados de las personas que saben ser felices es que se sienten cada vez más en paz con lo que les van pasando en la vida. Esencialmente porque han comprehendido lo inútil y absurdo de pensar que las cosas podrían haber sido de otra manera. Han verificado que todo el rato está sucediendo lo que tiene que suceder. Y saben que es imposible que sucediera de otro modo. También han descubierto que pensar lo contrario solo sirve para alimentar el ego. Y de paso torturarse un poquito. Más que nada porque lo que ya ha pasado es —por definición— inalterable. De ahí que el mejor aliado para vivir en verde sea la aceptación. Y ésta no quiere decir resignarse o mostrarse pasivo. Aceptar implica dejar de resistirse y oponerse a lo que acontece. Así es como finalmente comprehendes que las cosas no suceden «a tu favor» ni «en tu contra», sino que simplemente suceden.

Evidentemente, desde una perspectiva mundana el arrepentimiento sirve para aprender de tus errores. Pero desde una visión espiritual es innecesario, pues sabes que en última instancia nada podía haber sido de otra manera. Cada decisión que tomaste, cada error que cometiste y cada experiencia que viviste ocurrió exactamente como tenía que ocurrir para llevarte al lugar en el que estás hoy. Hacer las paces con la vida pasa por comprehender que ahora mismo igual no estás en el sitio donde esperabas ir, pero sí en el que necesitas estar para continuar con tu proceso evolutivo. Comprehender que todo es perfecto te libera de la culpa del pasado y de la ansiedad por el futuro.

A su vez, la interiorización de esta verdad universal te lleva poco a poco a confiar incondicionalmente en la existencia. Y a rendirte conscientemente a lo inevitable. Es decir, a estar en paz y parar de pelearte con lo que sucede en cada momento. Así es como dejas de resistirte a la corriente de la vida y aprendes a fluir con ella. Esta rendición espiritual representa una nueva victoria sobre tu propio ego. Y resulta de lo más paradójica. En un primer momento parece que se trata de soltar el control. Pero cuando vas profundizando te das cuenta de que lo único que en realidad estás soltando es la ilusión de que controlas algo, pues en última instancia no controlas absolutamente nada.

La resistencia a lo que sucede en el momento presente es la raíz de todo el sufrimiento.

ECKHART TOLLE

IX

Enamórate de la realidad

Un monje zen viajaba a pie solo por un bosque y de repente escuchó detrás de sí un rugido aterrador. Al volverse vio a un enorme tigre que lo miraba fijamente, listo para atacarlo. Sin dudarlo, el monje comenzó a correr montaña abajo, buscando una manera de escapar. Al llegar al borde de un acantilado, el monje se dio cuenta de que su única posibilidad de sobrevivir era bajar por aquella escarpada ladera.

Miró hacia abajo y vio una gruesa rama de vid que colgaba del precipicio. Sin pensarlo dos veces el monje comenzó a descender. *Mientras colgaba agarrado de las raíces de aquel arbusto se detuvo para recuperar el aliento. Fue entonces cuando vio que otro tigre lo esperaba en la base del acantilado, relamiéndose los labios. Ahora estaba atrapado: un tigre lo esperaba arriba y otro abajo. Para empeorar la situación, el monje escuchó un crujido suave y se dio cuenta de que dos ratones —uno blanco y otro negro— estaban mordisqueando lentamente la vid de la que dependía su vida.*

El monje sabía que era cuestión de tiempo antes de que la rama se rompiera y cayera al vacío. Pero al alzar la vista, vio una pequeña planta que crecía en la pared del acantilado, justo a su lado. Y para su asombro se percató de que había crecido una única fresa, perfectamente roja y madura. Con calma, el monje extendió una mano, arrancó la fresa y se la llevó a la boca. Su sabor era increíblemente dulce, jugoso y exquisito. En ese momento el monje sonrió.[94]

38. Vivir duele

Ser feliz cuando la vida te sonríe tiene poco mérito. La verdadera sabiduría radica en ser capaz de encontrar paz y gratitud cuando la realidad te zarandea. Tu capacidad para sobreponerte a la adversidad es un buen termómetro con el que medir tu nivel de consciencia. La madurez espiritual consiste en hacerse amigo íntimo de la existencia, independientemente de lo que te suceda. Ya no esperas que la vida te quiera, sino que aprendes a amarla tú a ella. A eso se refiere la expresión latina *amor fati*, la cual significa «amor al destino». En esencia, se trata de una directriz vital que te inspira a salir fortalecido de cualquier desafío y tragedia, abrazando lo que ocurre como parte esencial de tu camino evolutivo.

Pérdidas. Enfermedades. Rupturas. Traiciones. Penurias. Accidentes... La vida está llena de acontecimientos que duelen, pero lo importante no es lo que te sucede, sino cómo tú decides responder. Todo se reduce a la interpretación que le das y a la actitud con la que lo afrontas. En este sentido, las personas que han aprendido a estar genuinamente en paz con la vida suelen seguir un mismo proceso terapéutico[95] cada vez que la realidad les vuelve a dar una colleja existencial.

El primer paso es hacer el duelo conscientemente. Por más trabajado y evolucionado que estés, vivir duele. Y para poder sanar es imprescindible sentir y atravesar el dolor que se despierte en tu interior. La clave reside en tu manera de transitarlo. Cuando el ego se apodera de tu atención enseguida aparecen la queja, la culpa y el victimismo, agregándole una capa de drama y negatividad al necesario proceso que estás viviendo. Recuerda que el sufrimiento deviene siempre como consecuencia de resistirte al dolor, de pelearte mentalmente con lo que ha ocurrido.

EL DOLOR ES COMO CARGAR UNA PIEDRA

Luchar contra lo que te trae la vida pone de manifiesto que sigues en guerra contigo mismo. No es de extrañar que en estos casos priorices la enajenación, la evasión y la narcotización por delante del autoconocimiento y el trabajo interior. Al sentir un malestar tan grande haces todo lo posible para tapar y evitar sentir cualquier emoción dolorosa. Pero ten mucho cuidado porque actuando así puedes acabar paradójicamente padeciendo un luto eterno. Más que nada porque lo que niegas te somete y lo que no afrontas termina volviéndose gigante. Además, si huyes del dolor acabas somatizándolo. Y en muchos casos, sí enfermando. Si bien parece contraintuitivo, escapar del dolor causa mucho más sufrimiento del que aparentemente te ahorra.

En cambio, cuando aprendes a gestionar tu proceso de duelo de manera consciente sientes dolor, pero no sufres por ello. Experimentas tristeza, pero te sientes en paz con el hecho de estar triste, pues sabes que esta emoción es pasajera. Simplemente te das el tiempo y el espacio necesarios para experimentar cualquier sentimiento que vaya emergiendo desde dentro, abrazándolo y acogiéndolo con amor. Así es como descubres que sentir dolor te sana. Y cuanto más te permites sentirlo, antes avanzas en tu proceso de sanación. En caso de que el dolor sea demasiado intenso, es fundamental que cuentes con una red de apoyo que esté ahí para cuando tú no puedas autosostenerte. Contar con amigos y terapeutas que sepan acompañarte emocionalmente es esencial para salir de cualquier hoyo.

Actuando de este modo descubres que el duelo es como llevar una piedra en tu bolsillo. Vayas adonde vayas, siempre está ahí. Notas su presencia y su peso. Eso sí, en la medida en que va pasando el tiempo cargar con esa piedra te va volviendo más fuerte. Y al irte fortaleciendo no es que la piedra desaparezca: simplemente se vuelve más ligera y mucho más fácil de llevar. Y es que hay experiencias tan traumáticas que jamás se superan y son imposibles de olvidar. Algunas incluso siempre van a formar parte de ti. Pero al hacerte tú más fuerte, el dolor cada vez pesa menos, hasta que llega un día en que cargas con él sin esfuerzo, casi sin notarlo. Es entonces cuando sabes que tu transformación se ha completado.[96]

El dolor es inevitable, pero el sufrimiento es opcional.

SIDDHARTHA GAUTAMA «BUDA»

39. La actitud resiliente

El segundo paso del proceso terapéutico que siguen las personas que han aprendido a estar genuinamente en paz con la vida es crecer gracias a la experiencia traumática. Y esto pasa por no perder nunca la mentalidad de aprendiz, desde la cual te inclinas con humildad ante la realidad, viéndola como lo que verdaderamente es: tu gurú en el arte de ser feliz. Todo el tiempo te está dando lo que necesitas para adquirir la actitud adecuada para disfrutar del regalo de estar vivo. Si ahora mismo no sabes ser feliz por ti mismo y sigues buscando la dicha fuera, es muy probable que atraigas a personas conflictivas y circunstancias adversas que te confronten y te hagan mirar hacia dentro.

Si bien el ego suele maldecir las desgracias que suelen asolar tu existencia, la verdadera tragedia consiste en no aprovechar lo que te pasa para evolucionar espiritualmente. De hecho, lo trágico es que no cuentes con las herramientas necesarias para encontrar el beneficio oculto en toda pérdida. De ahí la importancia de comprometerte con tu proceso de autoconocimiento y formarte en educación emocional y espiritual.[97] Solo así puedes arremangarte y meterte en el fango terapéutico con la mirada adecuada, comprendiendo que eso que te ha pasado se corresponde con creencias no cuestionadas, heridas no sanadas y sombras no iluminadas. Recuerda que no existe separación entre tú y la existencia; la realidad externa tiende a reflejar aspectos de tu mundo interno. De ahí que lo que no haces consciente se manifieste en tu vida como destino.[98]

Por ejemplo, una ruptura sentimental suele ser una oportunidad para trabajar sobre el miedo al abandono y el sentimiento de no ser suficiente. También es una invitación para cultivar la autoestima y amar tu soledad, aprendiendo a sentirte completo por ti mismo. A su vez, seguramente te permita darte cuenta de que habías encerrado el amor en la jaula del apego insano y la dependencia emocional. Y como consecuencia de volver a la soltería, descubrir nuevas formas de vivir tu sexoafectividad mucho más libres y satisfactorias. En el caso de aprovechar esta experiencia traumática para crecer espiritualmente, lo más probable es que te conviertas en una versión mejorada y evolucionada en este ámbito, atrayendo a tu vida a nuevas personas con las que disfrutar de tu intimidad mucho más de lo que sabías hacerlo antes de dicha separación.

ECUANIMIDAD Y RESILIENCIA

Vivir en verde pasa por cultivar dos virtudes excepcionales. La primera es la «ecuanimidad»: la capacidad de mantener la calma, el equilibrio y la imparcialidad frente a los altibajos de la existencia, sin dejarse arrastrar por la euforia del éxito ni por la desesperación del fracaso. Ser ecuánime no tiene nada que ver con ser indiferente. Se trata de evitar la tentación de proyectar historias ficticias sobre la realidad, pudiendo observar lo que sucede sin juicios extremos ni emociones desbordantes. Gracias a este sereno discernimiento puedes ver lo bueno en lo malo y lo malo en lo bueno, comprehendiendo que no existen ni lo uno ni lo otro, porque la realidad es inherentemente neutra. Así es como dejas de estar a merced de los acontecimientos externos, sabiendo preservar tu paz y bienestar internos independientemente de lo que acontezca.

La segunda cualidad es la «resiliencia»: la habilidad de adaptarse a los cambios inesperados, afrontar los infortunios con fortaleza y transformar las dificultades en oportunidades de aprendizaje y crecimiento espiritual. Es lo que te permite levantarte cada vez que la realidad te tumba al suelo, convirtiendo los golpes de la vida en peldaños hacia una versión más sabia, madura y consciente de ti mismo. En última instancia, gozar de una actitud resiliente es lo que te posibilita renacer de tus cenizas —como el ave Fénix—, reconstruyendo tu existencia incluso después de haberte pasado lo peor que te podía suceder.

El principal beneficio de la resiliencia es que extirpa de raíz el victimismo para siempre. Así es como dejas de temer y de luchar contra la vida. Llega un momento en que confías en ella incondicionalmente, pues sabes que traiga lo que te traiga va a seguir siendo lo que necesitas para seguir aprendiendo y evolucionando. Gracias a esta mentalidad orientada al crecimiento te vuelves prácticamente invencible e indestructible. Y como consecuencia de tu autoconocimiento, cuantos más años cumples mejor te sientes contigo y más en paz estás con la existencia. De hecho, cada vez te gusta más vivir. Y cada vez te rodean personas de mayor calidad, las cuales reflejan el amor propio que has sabido cultivar gracias precisamente a las experiencias traumáticas que has tenido que transitar y transformar.

Lo que no te mata te hace más fuerte.

FRIEDERICH NIETZSCHE

40. **Hazle el amor al presente**

El cultivo de tu dimensión espiritual te va permitiendo tener destellos de lucidez y fogonazos de comprehensión acerca de ciertas verdades que rigen el funcionamiento de la existencia. Por medio de tus vivencias personales puedes ir verificando que todos los seres humanos sufren algún tipo de trauma. Que el amor propio y el autocuidado te conectan con la felicidad. Que nadie puede hacerte sufrir sin tu consentimiento. Que la realidad es neutra. Que no eres un *yo* separado de la realidad. Que el otro también eres tú. Que el amor es la verdad. Que los errores no existen. Que lo que sucede conviene. Que el mundo es una ilusión. Que todo el rato está sucediendo lo que tiene que suceder. Que todo es perfecto. Y que es imposible que los hechos que ocurrieron en el pasado hubieran ocurrido de un modo diferente a como acontecieron.

A medida que vas interiorizando estas verdades universales te vas volviendo cada vez más hábil a la hora de lidiar con tus circunstancias, sean las que sean. De hecho, cuanto más consciente y sabio eres, más paz experimentas en tu interior y más amor manifiestas hacia el exterior. Pero dado que tu evolución no se produce de forma lineal —sino más bien en espiral—, es importante que no caigas en las garras del «idealismo espiritual», pretendiendo estar siempre feliz mundanamente. Que hayas despertado del sueño egoico no quiere decir que permanezcas en un estado de atención plena las veinticuatro horas del día. O que jamás vuelvas a experimentar perturbación y sufrimiento. Ni mucho menos. Vivir conscientemente consiste en saber que no eres la mente ni ninguna de las historias que ésta crea. Y tener cada vez más momentos de desidentificación del ego en tu día a día cotidiano, dejando así que la vida te viva.

Teniendo todo esto en cuenta, el tercer y último paso del proceso terapéutico que siguen las personas que han aprendido a estar genuinamente en paz con la existencia es «hacerle el amor al presente». La vida se asemeja mucho a cuando miras por la ventana mientras viajas en tren. ¿Acaso no es una sucesión de momentos únicos que van a toda velocidad y que nunca más se van a repetir? Solo existe el instante presente. Y éste está naciendo y muriendo constantemente. Uno detrás de otro, sin parar. Lo único que existe es un flujo continuo de «aquís» y «ahoras» que no cesan de emerger y desaparecer. Y cada uno de ellos es nuevo y diferente al anterior. Piénsalo bien: jamás va a volver a producirse lo que se está produciendo ahora mismo mientras lees esta última línea de este párrafo...

¿Estás dando lo mejor de ti mismo?

Para vivir en verde es fundamental que dejes de esperar que la existencia se convierta en tu proveedor de felicidad. Recuerda que la función de la vida no es hacerte feliz, sino consciente. El secreto de la verdadera felicidad es aceptar incondicionalmente el momento presente tal y como es, sin ponerle ningún tipo de resistencia. O dicho de otra forma: no querer estar en un sitio diferente a donde estás y no desear que pase nada distinto a lo que está pasando. Y esto pasa por aceptar, valorar, aprovechar y, sobre todo, disfrutar de lo que está ocurriendo en este preciso momento. Y también por rendirte y fundirte con lo que está pasando mientras está sucediendo.

Hacerle el amor al presente se reduce a algo muy simple: se trata de aceptar y de estar en paz con cualquier cosa que ocurra, incluyendo el hecho de que en ocasiones sigas en guerra contigo y luches contra la realidad... Que pasa lo que quieres que pase, maravilloso. Lo abrazas y agradeces. Que te sientes conectado y feliz, brutal. Lo abrazas y lo disfrutas mientras dure. Que no ocurre lo que deseas, fantástico. Lo abrazas y tratas de aprender de ello. Que sientes alguna emoción dolorosa, fenomenal. Lo abrazas y lo gestionas como puedas. Que te peleas con lo que sucede, genial. Lo abrazas y aceptas que no estás aceptando lo que está ocurriendo. Que te perturbas a ti mismo, estupendo. Lo abrazas y te dejas en paz. Al final, todo se reduce a que te conviertas en una presencia amorosa para ti mismo...

A base de hacerle el amor al presente llega un momento en que notas cómo empieza a acompañarte una sonrisa interior que subyace a cualquier experiencia que esté aconteciendo. Así es como te das cuenta de que *tú* —como consciencia— eres el espacio donde todo ocurre. Esta revelación

despierta en ti una mirada de asombro —llena de complicidad con la vida— al verificar que las cosas suceden sin que
hagas nada al respecto. Curiosamente, a nivel mundano co-
nectas con la motivación de dar lo mejor de ti mismo en cada
momento, sabiendo que nunca más va a volver a darse la situación que estás viviendo. Y poco a poco el amor que esencialmente eres empieza a impregnar cada vez más instantes
de tu vida, hasta que finalmente te enamoras de la realidad.
Y sabes que ese día ha llegado cuando sueltas la fantasía de
querer que las cosas sean diferentes a como son.

Cuando camines, camina. Cuando comas, come.

PROVERBIO ZEN

X

Que no te importe lo que suceda

Un cargador de agua llevaba encima de los hombros un palo en cuyos extremos colgaban dos grandes vasijas, las cuales transportaba a diario desde el arroyo hasta la casa en la que trabajaba como aguador. Una estaba en perfecto estado y conservaba todo el agua al final del largo camino a pie. La otra tenía varias grietas, por las que se colaba la mitad del agua. La primera vasija estaba muy orgullosa de sus logros, pues sabía que estaba cumpliendo a la perfección el fin para el que había sido creada. En cambio, la pobre vasija agrietada sentía mucha vergüenza de su propia imperfección.

Después de dos años, la vasija rota finalmente se atrevió a hablarle al aguador. Y con un tono de lo más apesadumbrado le dijo: «Me quiero disculpar contigo porque, debido a mis grietas, solo puedes entregar la mitad de mi carga y solo obtienes la mitad del valor que deberías recibir». El aguador la miró con compasión y simplemente le contestó: «No te preocupes. Cuando regresemos a la casa quiero que notes las bellísimas flores que crecen a lo largo del camino». Así lo hizo la vasija. Y en efecto vio muchísimas flores hermosas de todos los colores a lo largo del trayecto, pero de todos modos se sintió apenada porque al final solo quedaba dentro de sí la mitad del agua que debía llevar.

El aguador le dijo entonces: «¿Te has dado cuenta de que las flores solo crecen en tu lado del camino? Siempre he sabido de tus grietas y quise sacar el lado positivo de ello. Sembré semillas a lo largo de todo el camino para que tú las regaras a través de tus grietas. Y durante los últimos dos años he podido recoger estas flores para decorar el altar de mi madre. Si no fueras exactamente cómo eres, con tus defectos y tus grietas, no hubiera sido posible crear esta belleza». Al escuchar estas palabras, la vasija agrietada sonrió y lloró de felicidad.[99]

41. El arte del *kintsugi*

Es evidente que el paso del tiempo te va erosionando. La vida no deja de ser un cúmulo de experiencias que te van dando forma y —con suerte— transformando. Pero *eso* que se erosiona y se transforma no eres *tú*, sino tu mentalidad. Es decir, tu sistema de creencias, tu forma de pensar y, en definitiva, la actitud con la que afrontas lo que te sucede.

Esencialmente, *tú* eres el fondo. Y éste siempre permanece intacto; es tan intocable como inmutable. Nada ni nadie pueden acceder a él. Ni tampoco alterarlo. Es ahí donde habitan la felicidad y la paz que tanto anhelas. El quid de la cuestión es que este fondo está sepultado por una gruesa capa de asfalto —fruto de tu condicionamiento—, así como por la coraza y la máscara que sueles ponerte inconscientemente para interactuar con la sociedad.

Pues bien. Para que puedas deshacerte del asfalto y reconectar con tu naturaleza esencial es imprescindible que entres en contacto con el sufrimiento. Si no te doliera lo suficiente difícilmente te motivarías para mirar hacia dentro. Ésa es precisamente la función de la adversidad y la tragedia: hacerte despertar. Eso sí, esta toma de consciencia suele dejarte *grietas* en el alma, muchas de las cuales pueden tardar años en sanar y cicatrizar, si es que alguna vez las acabas de cerrar y curar del todo. Estas heridas son una prueba de que has vivido. Y cada una de ellas trae consigo una lección de vida y su correspondiente beneficio en forma de aprendizaje.

El arte del *KINTSUGI*

En Japón han querido rendir homenaje a esta particularidad de nuestra condición humana mediante el arte del «*kintsugi*». Se trata de reparar objetos de cerámica rotos empleando barniz de color dorado o plateado para darles una nueva vida, transformándolos en piezas todavía más bellas que las originales. De este modo, celebran la historia que hay detrás de cada objeto, poniendo énfasis en sus fracturas en lugar de ocultarlas o disimularlas.

El *kintsugi* no es solo un método de reparación: es una filosofía de vida. No importa lo hecho añicos que un objeto haya podido estar. Este arte antiguo[100] promueve la idea de que cualquier cosa rota —además de ser reparada— puede ser embellecida y revalorizada. Las líneas doradas con las que se rellenan y pintan las grietas no solo realzan el objeto arreglado, sino que devienen en la parte más valiosa de la pieza. Son una oda a la vulnerabilidad y la imperfección. Y también a la sanación y la transformación. El proceso de reparación se convierte así en una forma majestuosa de revalorizar el objeto a partir de su historia única, celebrando sus defectos en lugar de lamentarse por ellos.

Lo mismo ocurre contigo. Es imposible que hayas llegado hasta aquí sin sufrir ningún tipo de golpe, fisura o trauma. Ser feliz no pasa porque evites el dolor o el sufrimiento, sino porque sepas reparar tus grietas con el *oro* del amor, la aceptación, la compasión y el perdón. No olvides nunca que cada vez que sufras una nueva fractura emocional tienes la oportunidad de trabajar en ti mismo y transformarla en algo valioso. Tus grietas —cuando las aceptas y sanas— no te debilitan, sino que te fortalecen y embellecen. Se convierten en las marcas doradas de tu historia.

Tus cicatrices muestran dónde estuviste,
pero no determinan hacia dónde vas.

PROVERBIO CHINO

42. Decálogo para disfrutar de la vida

Si has seguido leyendo hasta aquí, gracias de corazón por tu tiempo y complicidad. A modo de epílogo quiero compartir contigo un breve decálogo con algunas directrices vitales para disfrutar plenamente de la vida. Se trata de una serie de principios que me hubiera encantado que alguien me hubiese dicho cuando empecé mi propio viaje de autodescubrimiento. Sin importar la edad que tengas, ojalá te sirvan de reflexión para encontrar tu propia brújula existencial.

1. Haz terapia. Busca y encuentra un buen terapeuta o coach transpersonal. Es decir, alguien que combine la psicología con la espiritualidad. Verifica que sea un ser humano feliz que sepa disfrutar de la vida. Y que cuente con la sabiduría necesaria para acompañarte emocionalmente para sanar tus heridas de infancia, cuestionar tus creencias limitantes e iluminar tus sombras más oscuras.

2. Conócete a ti mismo. Invierte tiempo y energía en tu autoconocimiento por medio de libros y formaciones sobre educación emocional y espiritual. Adquiere una mentalidad de crecimiento y una actitud resiliente para afrontar cualquier desafío que te traiga la vida. Combina el estudio de filosofías orientales ancestrales con los últimos descubrimientos en el ámbito de la neurociencia.

3. Practica el autocuidado diario. Prioriza cada día el cuidado de tu cuerpo, de tu mente, de tu espíritu y de tu sistema nervioso para vivir lo más conectado y centrado posible. Cultiva hábitos saludables y establece rutinas productivas que te permitan gozar de salud, energía y vitalidad desde una perspectiva holística. No olvides que el amor propio comienza por priorizar tu bienestar.

4. Honra tu singularidad. Ser fiel a tu esencia pasa por seguir tu dicha. Cuestiona las convenciones sociales de tu tiempo. Mantén la mente abierta. Sé muy curioso. Prueba cosas diferentes. Experimenta todo lo que puedas. Y estate atento a las intuiciones y sensaciones que te transmite tu cuerpo. Haz aquellas cosas que te interesen y apasionen. Y desecha lo que te aleja de la felicidad.

5. Camina en una dirección que tenga sentido. Dedícate profesionalmente a una actividad que te guste, que se te dé bien y que contribuya positivamente a la sociedad. Tiene que ser algo que te motive y te haga sentir útil. Y una vez lo descubras, encuentra a un mentor. Es decir, a alguien con mucha más experiencia que tú que haya tenido éxito logrando lo que quieres conseguir.

6. Vive el presente. Medita todos los días para entrenar la atención plena (*mindfulness*), de manera que estés cada vez más conectado con el momento presente. Domestica tu mente para evitar quedarte atrapado por recuerdos del pasado y por expectativas del futuro. Recuerda que no hay felicidad fuera del aquí y ahora. Y procura dar siempre lo mejor de ti mismo ahí donde estés.

7. Crea vínculos auténticos. Atrévete a ser honesto y vulnerable, permitiendo que otros te conozcan en profundidad. Rodéate de personas que te amen y respeten por ser quién eres. Y con quienes te sientas a gusto de verdad. Tu familia son las personas a las que eliges en libertad y con las que puedes ser genuinamente tú mismo. La calidad de tus vínculos define la calidad de tu vida.

8. Hazte amigo de la vida. Confía en el devenir de la existencia. La vida sabe perfectamente lo que hace. No te creas más listo que ella. Mantén una relación basada en la confianza y la complicidad. Transforma tu victimismo en resiliencia. Y aprovecha todo lo que te pasa —especialmente las situaciones más adversas, traumáticas y dolorosas— para aprender, crecer y evolucionar espiritualmente.

9. Abraza el cambio. No te acomodes nunca demasiado. Preserva tu espíritu aventurero. Vive de tal forma que siempre haya un componente de incertidumbre en tu vida. No justifiques nunca tu infelicidad. Ten en cuenta que nada es para siempre y todo está en continuo cambio. Si sientes que algo no está funcionando, busca la manera de cambiarlo. La realidad es un campo de infinitas posibilidades.

10. Cultiva la gratitud. Pon tu atención en lo positivo. Valora las pequeñas grandes cosas que sí están a tu alcance. No las des por sentado. Estás vivo y eso te convierte en un privilegiado. La vida es un misterio. Nadie tiene ni idea de para qué estamos aquí. Recuerda que tarde o temprano vas a morir. Disfruta de este regalo cósmico mientras puedas. Y obviamente, crea tu propio decálogo.

*El síntoma más evidente de que
has comprendido de qué va realmente la vida es que
ya no te importa lo que suceda.*

JIDDU KRISHNAMURTI

Súmate
a la revolución

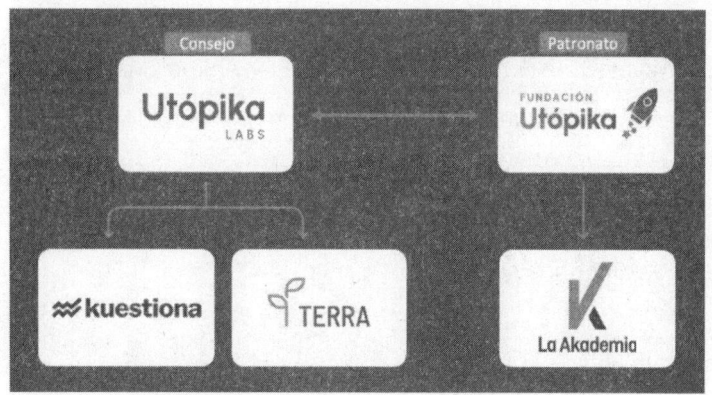

Si después de leerte este libro quieres sumarte a la revolución de la consciencia te animo a que investigues acerca de los siguientes proyectos que venimos impulsando y liderando desde 2009:

Utópika Labs. Se trata de un *conscious venture builder* que se dedica a idear, diseñar, crear y financiar compañías con impacto social. Estamos especializados en proyectos educativos orientados a democratizar el autoconocimiento, despertar la consciencia de la humanidad y cambiar de raíz la mentalidad de la sociedad. Más información en:
www.utopikalabs.com

Kuestiona. Se trata de una comunidad educativa para buscadores e inconformistas. Su finalidad es transformar vidas a través de programas presenciales y online orientados a empoderar a nuestros alumnos, de manera que crezcan en consciencia y sabiduría en las diferentes áreas de su vida. Más información en:
www.kuestiona.com

Terra. Se trata de un proyecto de escuela consciente e innovador que promueve un nuevo paradigma educativo, cuya finalidad es ofrecer una verdadera educación a los alumnos de entre 1 y 18 años. En vez de prepararlos para superar la prueba de la selectividad los acompañamos para disfrutar plenamente de la vida. Más información en:

www.terraec.es

La Akademia. Se trata de un movimiento ciudadano que promueve educación emocional y emprendedora gratuita para jóvenes de entre 18 y 23 años. Su misión es acompañar a estos chavales para que descubran quiénes son y cuál es su auténtico propósito, de manera que puedan reinventarse y prosperar en la nueva era. Más información en:

www.laakademia.org

Fundación Utópika. Se trata de una fundación por medio de la que apoyamos iniciativas educativas solidarias al tiempo que damos becas para que personas sin recursos puedan acceder a la educación consciente que promueve el resto de nuestros proyectos. Más información en:

www.fundacionutopika.org

Notas

1. Cuento extraído del libro *Las filofábulas para aprender a convivir*, de Michel Piquemal.

2. Los voy a ir citando en este apartado de «Notas» a lo largo de todo el libro.

3. Concretamente el eneatipo 1 del Eneagrama.

4. Concepto inventado por Alejandro Jodorowsky.

5. Información extraída del libro *Amar a la gente que es muy difícil de amar*, de Joyce Meyer.

6. Cuento inventado por el autor.

7. Según los últimos datos de la Encuesta de Salud en España (ENSE), realizada por el Ministerio de Sanidad, Consumo y Bienestar Social.

8. Según los últimos datos del Barómetro de la Salud del Centro de Investigaciones Sociológicas (CIS).

9. Según los últimos datos de la Organización Mundial de la Salud (OMS).

10. Según los últimos datos de la Organización para la Cooperación y el Desarrollo Económico (OCDE).

11. Según los últimos datos de la Organización Mundial de la Salud (OMS).

12. Realizadas por la consultora en investigación de mercado Ipsos y por el Centro de Investigaciones Sociológicas (CIS).

13. Información extraída del libro *Pensar rápido, pensar despacio*, de Daniel Kahneman.

14. Ídem.

15. Concepto desarrollado por los psicólogos y científicos Paul Rozin y Edward Royzman.

16. Información extraída del libro *Sé amable contigo mismo*, de Kristin Neff.

17. Información extraída del libro *El error de Descartes*, de Antonio Damasio.

18. Información extraída del libro *Sapiens*, de Yuval Noah Harari.

19. Inventado por el autor.

20. Tal como se explica en el libro *¿Por qué las cebras no tienen úlcera?*, de Robert Sapolsky.

21. Bloqueando e inhibiendo el llamado «sistema parasimpático».

22. Reforzando y potenciando el llamado «sistema simpático».

23. Ídem.

24. Ídem.

25. Ídem.

26. Ídem.

27. Cuento de autor anónimo, inspirado en el libro *El hombre en busca de sentido*, de Viktor Frankl.

28. Información extraída del libro *Aprender a amar y ser amado*, de Robert Holden.

29. Metáfora extraída de la serie *Cómo conocí a vuestra madre*, de Carter Bays y Craig Thomas.

30. Cuento extraído del libro *Lie Tse: una guía taoísta sobre el arte de vivir*, de Eva Wong.

31. Del director George A. Romero.

32. Esta película costó 120.000 dólares y logró recaudar más de 30 millones de dólares, ganando más de 250 veces su presupuesto.

33. Creada por Frank Darabont y basada en el cómic de Robert Kirkman, Tony Moore y Charlie Adlard.

34. Según datos facilitados por la productora AMC y publicados por el periódico www.gestion.pe.

35. Cuento extraído del libro *El camino de Chuang Tzu*, de Thomas Merton.

36. Empleo esta metáfora para representar las tres principales respuestas del sistema nervioso autónomo según la teoría polivagal, de Stephen Porges: verde (sistema nervioso parasimpático ventral), naranja (sistema nervioso simpático) y rojo (sistema nervioso parasimpático dorsal).

37. Según los últimos datos del Instituto Nacional de Estadística (INE).

38. Información extraída del libro *El sistema inmunitario por fin sale del armario*, de Sari Arponen.

39. Ídem.

40. La microbiota intestinal es el conjunto de microorganismos, como bacterias y hongos, que viven en tu intestino. Son esenciales para la digestión, el sistema inmunológico y la salud general del cuerpo. Estos microorganismos ayudan a descomponer los alimentos, absorber nutrientes y protegernos de enfermedades.

41. La salud digestiva se refiere al buen funcionamiento del sistema digestivo, lo que implica que los alimentos que comes se descompongan y absorban de manera eficiente, sin causar problemas como inflamación, dolor o malestar. Una buena salud digestiva depende de una microbiota intestinal equilibrada, lo que contribuye a que te sientas bien y lleno de energía.

42. Información extraída del libro *El intestino feliz*, de la doctora M.ª Dolores de la Puerta.

43. Información extraída del libro *Come comida real*, de Carlos Ríos.

44. Como las frutas frescas, las verduras frescas y de hoja verde, las proteínas animales magras, el pescado fresco, los frutos secos crudos, los tubérculos, las legumbres secas, los granos integrales o los aceites vegetales prensados en frío.

45. Como el yogur natural, el kéfir, los quesos frescos o artesanales, el pescado enlatado, las legumbres cocidas, el pan integral de calidad, los frutos secos tostados sin sal, las mantequillas de frutos frescos o la leche entera o semidesnatada.

46. Como los refrescos con azúcar, las bebidas energéticas con edulcorantes, las galletas y la bollería industrial, los cereales azucarados, la comida rápida, los productos precocinados y congelados, las chucherías, los caramelos, las chocolatinas, las cremas untables azucaradas, las barritas energéticas, los helados industriales, los *snacks* salados y las salsas industriales.

47. Lo recomendable es beber entre 2 y 3 litros de agua cada día.

48. Alternar entre periodos de comer y de ayunar, dándole tiempo suficiente al estómago para que se limpie y regenere, lo que posibilita la limpieza e higiene internas. El tipo de ayuno intermitente más común es ayunar durante 16 horas y comer dentro de una ventana de 8 horas (por ejemplo, desde las 13.00 hasta las 21.00).

49. Los probióticos son microorganismos vivos —bacterias beneficiosas— que, al ser consumidos en cantidades adecuadas, ayudan a mantener y mejorar la salud de tu sistema digestivo, equilibrando a su vez tu microbiota intestinal. Se encuentran en alimentos fermentados o en suplementos especializados.

50. Las endorfinas son neurotransmisores conocidos como «las hormonas de la felicidad». Actúan como analgésicos naturales, reduciendo el dolor y generando sensaciones de bienestar, placer y euforia. Son liberadas durante el ejercicio físico, el sexo, la risa y situaciones placenteras.

51. Son movimientos físicos que se realizan utilizando el propio peso corporal, como las flexiones, abdominales o las sentadillas.

52. Información extraída del libro *Spark: the revolutionary new science of exercise and the brain*, de John J. Ratey y Eric Hagerman.

53. Como suplemento, los expertos recomiendan tomar entre 1 y 5 mg una hora antes de dormir para inducir el sueño profundo.

54. La vitamina D es una de las que más fortalece el sistema inmunológico, junto con la vitamina C, A, E, B_6 y B_9, así como el zinc.

55. La oxitocina es un neurotransmisor conocido como «la hormona del amor» y está relacionada con el vínculo emocional, el afecto y la confianza. Se libera durante el contacto físico, el parto, la lactancia y en situaciones que promueven la conexión social y el apego.

56. Información extraída del libro *Encuentra tu persona vitamina*, de Marián Rojas Estapé.

57. Información extraída del libro *Es fácil perder peso*, de Allen Carr.

58. Información extraída del libro *Mindfulness y neuroplasticidad*, de la doctora Melanie Greenberg.

59. Aforismo de Siddharta Gautama «Buda».

60. Tal y como ha demostrado el estudio científico liderado por

el profesor de Psicología de la Universidad de California, doctor Robert Emmons, según el cual practicar la gratitud aumenta la felicidad, reduce la depresión y mejora el bienestar general.

61. Concretamente, gracias al sistema nervioso autónomo (SNA).

62. Información extraída del libro *Activar el nervio vago*, de Navaz Habib.

63. Ídem.

64. Ídem.

65. La serotonina es un neurotransmisor relacionado principalmente con la regulación del estado de ánimo, el bienestar y la felicidad.

66. El cortisol es conocido como «la hormona del estrés». Se libera en respuesta a situaciones de tensión y peligro. Su función principal es preparar al cuerpo para la acción, aumentando los niveles de azúcar en sangre y promoviendo la disponibilidad de energía. Sin embargo, niveles crónicamente elevados de cortisol pueden causar problemas de salud física y mental.

67. El agua fría contrae los vasos sanguíneos, reduce la inflamación y mejora el drenaje linfático, mientras que el calor dilata los vasos, mejora la circulación y ayuda a eliminar toxinas a través del sudor.

68. Información extraída del libro *El método Wim Hof*, de Wim Hof.

69. La dopamina es un neurotransmisor clave en el sistema de recompensa del cerebro, relacionado principalmente con la motivación, el placer y la búsqueda de gratificación. Juega un papel fundamental en el refuerzo positivo y en la toma de decisiones basadas en experiencias placenteras.

70. Información extraída de mi libro *Ama tu soledad*.

71. Según varias publicaciones científicas de *The Journal of Clinical Psychiatry*, *Journal of Nutrition* y *Nutrients*.

72. Según varias publicaciones científicas de *BMC Complementary Medicine* y *Phytomedicine*.

73. Información extraída de mi libro *Las casualidades no existen*.

74. Ídem.

75. Ídem.

76. Información extraída de mi libro *Tú eres lo único que falta en tu vida*.

77. La meditación del amor bondadoso (*metta bhavana* en pali), procede de la tradición budista, específicamente del budismo theravada.

78. Cuento extraído del libro *El corazón de las enseñanzas de Buda*, de Thich Nhat Hanh.

79. Información extraída del libro *El secreto de los espejos*, de Lucía Ordóñez.

80. Popularizada por Carl Gustav Jung.

81. Como los trastornos de ansiedad generalizada, obsesivocompulsivo, de estrés postraumático, bipolar, esquizofrenia, personalidad limítrofe, narcisista, psicópata, dependiente o antisocial, entre otros.

82. Información extraída del libro *Ho'oponopono*, de María José Cabanillas.

83. Concepto extraído de mi libro *Ama tu soledad*.

84. Concepto extraído de *La Aceptología*, de Gerardo Schmleding.

85. Cuento extraído de internet, de fuente anónima.

86. Como Siddharta Gautama «Buda», Lao Tsé, Jesús de Nazaret, Maestro Eckhart, Paramahansa Yogananda, Sri Ramana Maharshi o Gerardo Schmedling, entre otros.

87. Como Sócrates, Platón, Aristóteles, Filón de Alejandría, Séneca, Epicteto y Marco Aurelio.

88. Aforismo de Jesús de Nazaret.

89. Información extraída del libro *Aprender a amar y ser amado*, de Robert Holden.

90. Concepto atribuido a Aristóteles.

91. Literalmente cambia la química de tu cerebro. Aumenta los niveles de oxitocina y serotonina. Reduce la presión arterial y la inflamación. Protege el sistema cardiovascular. Estimula el sistema inmunitario. Relaja el sistema nervioso. E incluso frena el envejecimiento, según las investigaciones científicas del doctor David Hamilton, las cuales presenta en su libro *Los cinco beneficios de ser amable*.

92. Resumen de la película *Atrapado en el tiempo* (*Groundhog Day*), de Harold Ramis.

93. Proverbio budista.

94. Cuento extraído del libro *Los más bellos cuentos zen*, de Henri Brunel.

95. El proceso terapéutico que explico en este libro es de elaboración propia; eso sí, está basado en el estoicismo, el Eneagrama, la filosofía advaita y las enseñanzas de Gerardo Schmedling, entre otras influencias.

96. Información extraída del libro *Piensa como un monje*, de Jay Shetty.

97. Los adultos pueden hacerlo en www.kuestiona.com, los jóvenes en www.laakademia.org y los niños en www.terraec.es.

98. Aforismo de Carl Gustav Jung.

99. Cuento extraído del libro *Cuentos con alma*, de Rosario Gómez.

100. Se originó a finales del siglo xv.

**Para poder crear vínculos libres y auténticos con los demás
primero hemos de aprender a disfrutar
de nuestra propia compañía.**

La soledad es una de las emociones más intensas y dolorosas. Prueba de ello
es que hacemos cualquier cosa para evitarla. De hecho, la gran mayoría de
adultos somos sociodependientes, adictos a la nicotina social. Es decir, a la
irracional necesidad de estar permanentemente en contacto con otras personas. A pesar de ser la forma de drogadicción más común en nuestra sociedad,
es también la más desconocida. ¿Quién es el valiente que se atreve a quedarse
a solas, desnudo emocionalmente y cara a cara con el dolor que anida en sus
profundidades?

Este libro es un viaje terapéutico. Y está concebido como un proceso
de desintoxicación social con el que afrontar nuestro mayor miedo: la herida de
abandono. Entre otros aprendizajes, propone que dejemos de utilizar a los demás como parches para tapar nuestro vacío existencial y suplir nuestra falta de
amor propio. Y que revisitemos nuestra infancia para reconciliarnos con nuestro niño (o niña) interior. Solo así podremos convertirnos en lo que estamos
destinados a ser: nuestro mejor amigo, descubriendo que nunca estamos (del
todo) solos.

**«No existe ninguna hazaña más grande en el mundo
que saber estar con uno mismo».
MICHEL DE MONTAIGNE**

El Eneagrama es la mejor herramienta de autoconocimiento que existe para ser consciente de cómo el ego te mantiene esclavizado.

El Eneagrama se ha consolidado como la herramienta más eficaz para iniciar el viaje del autoconocimiento porque va a la raíz de nuestros conflictos emocionales y existenciales. Porque es muy fácil de poner en práctica. Porque es apta para escépticos. Y, sobre todo, porque funciona. Enseguida aporta resultados beneficiosos tangibles. Se trata de un manual de instrucciones bastante preciso de la condición humana. Describe a grandes rasgos los nueve tipos de personalidad que determinan por qué en general somos como somos.

Su gran aportación es que hace una radiografía del ego y del ser esencial para que seas más consciente de las luces y las sombras que habitan dentro de ti. También explica el proceso de transformación que has de seguir para liberarte de la jaula mental que tanto sufrimiento te provoca. Y está diseñado para que experimentes un orgasmo emocional. Es decir, un momento eureka que signifique un punto de inflexión en tu vida. Tan solo existe un requisito para que esto ocurra: ser radicalmente honesto contigo mismo mientras te miras en este espejo del alma.

«La auténtica libertad es ser consciente
de quién verdaderamente eres.
Eso es lo único que falta en tu vida».
SRI RAMANA MAHARSHI

Por el autor de *Encantado de conocerme*

Borja Vilaseca

Las casualidades no existen

Espiritualidad para escépticos

DEBOLSILLO *clave*

**El libro que hará que los creyentes cuestionen la religión
y los ateos se abran a la espiritualidad.**

Estamos viviendo un hecho histórico imparable: cada vez la gente cree menos en las instituciones religiosas y —sin embargo— está cada vez más en contacto con su dimensión espiritual. Y esto se debe a que se está democratizando la sabiduría, provocando que los buscadores occidentales se adentren en la filosofía oriental. Como consecuencia de este viaje de autoconocimiento se está produciendo un despertar masivo de consciencia. Es decir, un profundo cambio en nuestra manera de concebirnos a nosotros mismos y de relacionarnos con la vida.

Todas las personas que han despertado —creyentes, ateas o agnósticas— comparten una misma vivencia: que no sucede lo que queremos, sino lo que necesitamos para aprender y evolucionar espiritualmente. De ahí que las casualidades no existan. Este libro explica cómo liberarnos de la «pecera mental» en la que nuestra mente sigue encerrada para sentirnos nuevamente unidos y conectados con la vida, recuperando la alegría innata que nos provoca el simple hecho de estar vivos. No te lo creas: atrévete a experimentarlo.

> «La religión es para quienes tienen miedo de ir al infierno,
> mientras que la espiritualidad es para quienes
> ya hemos estado en el infierno».
> PROVERBIO SIOUX

**Si quieres conocer el mercado laboral que se avecina,
léete este libro.
Si quieres sobrevivir y prosperar en la nueva era,
ponlo en práctica.**

El mundo para el que fuimos educados está dejando de existir. Las reglas del juego económico han cambiado. Somos una generación de transición entre dos eras: la industrial/analógica y la del conocimiento/digital. De ahí que no nos quede más remedio que reinventarnos, cuestionando las viejas creencias y consignas con las que fuimos condicionados. En caso de no hacerlo, pronto estaremos obsoletos y nos quedaremos fuera del mercado.

Lo más difícil consiste en vencer el miedo al cambio. Irónicamente, evitar el riesgo y permanecer en nuestra zona de comodidad es lo más arriesgado que podemos hacer. Ha llegado la hora de saltar al vacío y emprender la travesía por el desierto, descubriendo de qué manera podemos desarrollar una profesión útil, creativa y con sentido que aporte mucho valor añadido. Solo así lograremos gozar de ingresos económicos abundantes y recurrentes en esta nueva era.

**«Quien quiere encontrará un medio; quien no, una excusa».
PROVERBIO ÁRABE**

Por el autor de Encantado de conocerme

Borja Vilaseca

El sinsentido común

*Una visión alternativa para seguir
nuestro propio camino en la vida*

DEBOLSILLO *clave*

**Quítate la venda de los ojos y cuestiona tu sistema de creencias.
Sé valiente, abraza el cambio y atrévete a vivir tu propia vida.**

En general llevamos una existencia de segunda mano, artificial y prefabricada. Lo cierto es que estamos completamente perdidos en el arte de vivir. No sabemos quiénes somos ni para qué vivimos. Ni tampoco cómo sentirnos verdaderamente felices. Dado que no contamos con ninguna brújula interior, simplemente nos dedicamos a seguir el camino trillado por el que circula la mayoría. Estudiamos. Trabajamos. Consumimos. Y nos entretenemos, volviéndonos adictos a todo tipo de parches para tapar nuestro vacío.

Sin embargo, tarde o temprano nos adentramos en una profunda crisis existencial, experimentando una saturación de sufrimiento. Es entonces cuando hacemos algo revolucionario: iniciar un proceso de autoconocimiento, cuestionando las creencias con las que fuimos condicionados por la sociedad. A su vez nos liberamos de todas las cadenas mentales que nos mantenían presos. Y como consecuencia nos atrevemos a seguir nuestro propio camino en la vida, honrando nuestra singularidad como seres humanos..

«Cada vez que te encuentres del lado de la mayoría
es tiempo de hacer una pausa y reflexionar».
MARK TWAIN

Por el autor de Encantado de conocerme

Borja Vilaseca

El Principito se pone la corbata

Una fábula para redescubrir lo que de verdad importa

Más de 100 000 ejemplares vendidos

DEBOLSILLO *clave*

Un libro que cambiará tu manera de vivir el trabajo.
Una historia que revolucionará tu forma de concebir
las empresas.
Un personaje inolvidable que transformará tu visión
de la vida para siempre.

Esta fábula basada en hechos reales narra la historia de Pablo Príncipe, un joven inconformista y visionario que tras padecer una crisis existencial descubre su propósito de vida. Después de regresar de un viaje épico por Madagascar, se convierte en el nuevo responsable de personas y valores de una empresa marcada por el conflicto y el sufrimiento. Y nada más llegar, imparte un curso de crecimiento personal para desarrollar el talento de los trabajadores. Enseguida se encuentra con la resistencia al cambio del consultor jefe, el iracundo Ignacio Iranzo.

A partir de ahí, se libra una lucha de poder entre ambos, un pulso entre lo viejo y lo nuevo, el cual pone en jaque el necesario proceso de transformación cultural de la organización. A su vez, Príncipe intentará inspirar al presidente de la compañía, el miedoso Jordi Amorós, para que haga algo revolucionario: conseguir que el objetivo de la empresa sea crear riqueza de forma íntegra y ética, ganando dinero como resultado.

> «El mundo entero se aparta cuando ve pasar
> a un hombre que sabe hacia dónde va».
> ANTOINE DE SAINT-EXUPÉRY

El Eneagrama es un espejo del alma.
¿Tienes la honestidad de mirarte en él?

Hay tantos caminos para conocerse a uno mismo como seres humanos hay en este mundo. Estar verdaderamente bien con nosotros mismos es una simple cuestión de sabiduría. Y aunque es cierto que puede aprenderse sin ayudas externas, existen algunas herramientas psicológicas que contribuyen a facilitar, profundizar y acelerar este proceso de autoconocimiento. El Eneagrama es una de ellas. Es como un manual de instrucciones de la condición humana mediante el que podemos comprender las motivaciones profundas muchas veces inconscientes que hay detrás de nuestras conductas y actitudes.

A través de la descripción de nueve tipos de personalidad, nos ayuda a ir más allá del ego y a reconectar con nuestra verdadera esencia. Este libro es muy fácil y sencillo de leer. Y está inspirado en los más de 300 seminarios que el autor ha impartido desde 2006 sobre Eneagrama a más de 15.000 participantes en España y Latinoamérica, pudiendo verificar empírica y científicamente el impacto tan positivo que tiene en la vida de las personas conocerse y comprenderse a través de esta herramienta de autoconocimiento.

«Las verdaderas batallas se libran en nuestro interior».
SÓCRATES

Este libro es un medicamento.
Antes de consumirlo, lee todo el prospecto.
Y en caso de duda, consulta contigo mismo.

Ningún farmacéutico puede darte lo que verdaderamente necesitas. La medicina moderna occidental parte de una premisa equivocada: se enfoca en combatir la enfermedad y no en promover la salud. Sin embargo, este medicamento no pretende aliviar tu dolor; está diseñado para erradicar la raíz de tu sufrimiento. No es apto para todo el mundo. Está indicado para personas que ya no necesitan sufrir más.

Para que este medicamento funcione, has de estar comprometido con curarte. Solo tómalo si ser feliz es tu prioridad. Este medicamento contiene veintiuna fortalezas del alma humana con las que afrontar la adversidad con sabiduría. Y están basadas en los valores filosóficos del estoicismo en general y en las enseñanzas de Séneca en particular. Al acabar el tratamiento, la relación contigo mismo, con los demás y con la vida habrá mejorado notablemente.

«La sabiduría es la única medicina que cura
las enfermedades del alma».
SÉNECA

CLAY NEWMAN
Pseudónimo de **BORJA VILASECA**

NI FELICES
NI PARA SIEMPRE

Una nueva forma de entender
las relaciones de pareja

DEBOLSILLO

La finalidad de la pareja es aprender a transformarse juntos, creciendo mucho más de lo que uno puede hacerlo por separado.

No existe ninguna otra actividad que se inicie con tantas expectativas y esperanzas y que fracase tan a menudo como la relación de pareja. De hecho, es increíble lo mucho que dos personas que dicen quererse pueden llegar a herirse y destruirse en nombre del amor. Ha llegado la hora de afrontar una verdad muy incómoda: que el molde de pareja convencional ha quedado desfasado. Prueba de ello es la epidemia de separaciones y divorcios.

El amor no se termina cuando dos personas se casan, sino cuando dejan de comportarse como novios. Es una cuestión de cambiar de actitud. Para ello, cada miembro de la pareja ha de aprender a ser feliz por sí mismo. El gran reto que tienen las parejas contemporáneas consiste en atreverse a crear un nuevo acuerdo que honre la singularidad de cada ser humano. Y en el que la libertad y el amor florezcan hasta manifestar su máxima expresión.

**«La función de tu pareja no es hacerte feliz,
sino hacerte consciente».
ECKHART TOLLE**

Queremos compartir más momentos contigo.

Únete a la comunidad de PenguinLibros y encuentra tu siguiente lectura.

¡Únete hoy!

Penguin
Random House
Grupo Editorial